企業が求める
発明・アイデアがよくわかる本

夢をお金に変える方法を教えます！

発明学会会長
東京日曜発明学校校長
中本繁実［著］

日本地域社会研究所　　コミュニティ・ブックス

あなたの優しさで、発明を磨けば、
お金「ロイヤリティ」になる。
ムリをしないで、思いつきの小さな発明で、
楽しむ技「わざ」を使うだけで、誰でも輝ける。

がんばりすぎないで、肩の力を抜いて発明とおつきあいください。
この本が、ハッピーになれるための一冊になって欲しいと思っています。
ぜひ、本書を活用してください。

発明は、心も、ふところも、夢も、大きくするバイブル！
学ぶ楽しさ、知る喜び、暮らす楽しさを体感できます。

すでに販売されている製品の検索は、Ｙａｈｏｏ（ヤフー）、Ｇｏｏｇｌｅ（グーグル）などを使って検索すると、どんな商品が売れているか、様子がわかります。

「特許情報プラットフォーム」の「特許・実用新案、意匠、商標の簡易検索」の体験学習ができます。

お金「ロイヤリティ（特許の実施料）」になる情報がいっぱいつまっています。

秀才は、ベストワンをねらえ！　凡人は、オンリーワンをさがせ！

あなたの「才覚、才能、豊富な経験、知識、得意なこと」を眠らせてはいけませんよ。

●特許情報プラットフォーム（J-PlatPat）

未完成の発明の出願を急ぐ前に、「特許情報プラットフォーム」で、先行技術(先願)を調べましょう。初心者でも大丈夫です。「特許情報プラットフォーム」、特許庁（東京都千代田区霞が関3―4―3、地下鉄・銀座線　虎ノ門駅下車徒歩約5分）で、先行技術（先願）を調べることができます。

※特許情報プラットフォーム〔Japan Platform for Patent Information〕略称（J-PlatPat）

はじめまして、私は、長崎県西海市大瀬戸町出身の中本繁実です。

私は、言葉遊び（ダジャレ）が大好きです。家では非常勤お父さんです。

町の発明家の「元気の素」になりたくて、毎日、話題（笑い）を提供しています。

私自身も、本が売れることを願ってがんばっています。よろしくお願いします。


何で「非常勤お父さん」なんですか。

私は、自分のペースで仕事をしています。本（原稿）も書いています。講演も、講義もしています。洒落も大好きですが、お酒も大好きです。良く、ノミ（飲む）ニュケーションをしています。そして、多くの人に発明の楽しさを伝える「発明配達人」です。目標は十万人です。

それで、その夢を実現するために、1年中、夢を求め続けています。「一年中夢求（年中無休!?）」です。それで、ほとんど家（自宅）にいません。

そのため、子どもに「非常勤お父さん」と呼ばれるようになりました。
※無休と夢求

それでは、言葉遊び（ダジャレ）の一コマ「結婚式のスピーチ」を紹介します。

●結婚式のスピーチ
結婚式の披露宴を想像してください。
新郎、新婦のカップルは、アツアツです、といいますよね。
突然ですが、このアツアツぶりを温度にたとえてみてください。
さて、その温度は、何度だ、と思いますか、と問いかけます。
参列者の方が、全員、ウーン、何度だろう、と一緒に考えてくれます。
答えが一番多いのは、３３９度（三々九度）です。
でも、私が欲しい答えは違います。
2人は、とても新鮮です。だから、答えは鮮（１０００）度です。
何で、鮮（１０００）度ですか。
それは、いつまでも新鮮で、鮮度を保って欲しいからですよ。
なるほどね。
※鮮度と１０００度

●喧嘩をしたとき、仲直りのコツは

では、喧嘩をしたときどうすればいいですか⁉

簡単に仲直りできますか。仲直りのコツありますか。

ハイ、ありますよ。まず、冷静になることです。

冷蔵庫の前に行ってください。カッカしている頭を少し冷やすことが大切です。

透明なコップを持ってください。

透明なコップの中に、角氷を1個、2個と数えながら、2個入れてください。

テーブルに座ってください。

このコップを2人の間に置いてください。コップを見つめてください。

角氷、何個、入っていますか。

2個入れたから、ニコ（2個）ッと、できるでしょう。

では、氷を見てください。……、とけていっているでしょう。

角氷のカドが取れて、マルくなっています。

そうです。氷はコップの中です。だから、ウチトケルのです。

これで、仲直りできたでしょう。

そして、氷だけにアイスて（愛して）いるよ、といってください。
喧嘩の原因も、問題もとけました。氷もとけたでしょう。水に流しましょう。
仲直りできましたね。良かった。良かった。喧嘩はおしまい。
※2個とニコッ、氷（アイス）と愛す、氷がトケルと問題がとける

発明は、課題（問題点）を解決するとき、柔軟に対応することが大切です。
それなのに、みなさんの頭は、相当、硬くなっています。それを試してみましょう。
みんな、前向きなのに、後ろ向きで勝負が決まるときがあります。なんでしょう。
答えは「綱引き（つなひき）」です。
私たちは、日頃の生活の中で、その駆け引きが大切です。
駆け引きは、相手の出方をみながら、臨機応変に交渉することです。
それでは、言葉遊び（ダジャレ）を交えながら、一緒に発明の学習をしましょう。

はしがき

毎日、イキイキしていますか。楽しいですか。タダの頭、使っていますか。脳、使っていますか。手、使っていますか。足、使っていますか。……、それはとてもいいことです。

ここで、もう一つ、毎日がワクワクしてしまうものがあります。それは、発明です。それを紹介させてください。しかも、発明は、趣味が実益（お金）につながります。

頭、脳、手、足を使うことは、健康の素（もと）です。また、自然な形でお金を使わなくても、頭、脳は、健康になります。特別な才能、技（わざ）は、必要ありません。

何十年もかけて蓄積してきた豊富な経験、知識、得意なことが頭、脳につまっているでしょう。それを生かすだけでいいからです。

楽しみながら、ちょっとした工夫、効率良くするための配慮がプロでも舌をまくグッド発明が生まれます。もう一歩の練り方、磨き方で○○の発明は製品化されます。そのチャンスは、誰にでもあります。しかも、小さな発明が巨万の富を稼ぎ、人、町、村、会社、日本の近い将来の運命を左右します。

たとえば、私たちがいつもお世話になっている、事務用品、キッチン用品、健康グッズ、トラベル用品などです。あなたの周辺には、富の財産を得る予備軍の素材がたくさんころがっています。それでは、一緒に、それも楽しくスタートしましょう。

最初に成功発明のポイントをご確認ください。

(1)マスコミで、○○さんは、○○の発明で1億円儲けました、と紹介されると、

□　自分も新しい発明をしたい、と思う。

(2)○○の発明の製品化は、

□　自分でも、○○の発明の製品化ができそうだ、と思う。

(3)工夫することは、大好きですか(?)

□　大好きです。思いついたことは、ノートにメモを取って、まとめている。

(4)興味がある発明のテーマ「題目」は、

□　豊富な経験、得意、知識がある。

(5)売れている商品の情報は、

□　インターネットで調べて、○○の発明に関連した情報を集めている。

(6)ムダな出願をしないために、先行技術(先願)の情報は、

□「特許情報プラットフォーム(J-PlatPat)」で調べている。

（7）売り込みをしたい、目標の第一志望の会社は、
□　インターネットで調べて、会社を決めている。
（8）会社のホームページは、見ましたか（?）
□　○○会社の事業内容を確認し、傾向と対策を練りました。
（9）○○の発明、手作りで試作品は作れますか（?）
□　手作りで、試作品が作れる○○の発明を選びました。
（10）手作りで、試作品を作りましたか（?）
□　説明図（図面）を描いて、手作りで、試作品作りました。
（11）試作品、使いやすいか、テストの結果は、
□　◎○△×を付けて、不便なところを確認しました。
（12）手作りの試作品を自分の家で使っていますか（?）
□　それがないと生活ができないです。
（13）○○の発明について、信頼して相談できる人は、
□　友人、家族に相談しています。
（14）特許願の書類を書くのは、

□　「自分で書ける」、「書き方は、やさしい」と思っています。

(15)　特許願の費用（特許印紙代）は、

□　1万4000円だ、と知っています。

チェック☑が12個以上あれば、あなたの◯◯の発明は製品化になります。

本書を読み終わったら、もう一度、ご確認ください。チェックの数がかわります。

会社は、町の発明家の発明を歓迎しています。実際に生活感のある発明を製品化してくれています。

本書を小さな発明で知的財産権を獲得するための入門書として大いに活用してください。

私はあなたの素晴らしい◯◯の発明を製品化するための売り込み隊長です。目標を決めて一緒に学習しましょう。

本書を出版するにあたり、誰にでもわかりやすくまとめるためのご助言をいただきました、門下生のはるなえみさんに心よりお礼を申し上げます。大切なところは、何度も繰り返し説明しています。全体の説明が少しくどくなっている点があるかも知れませんがご理解ください。

平成30年5月吉日

中本繁実

もくじ

第1章

一攫千金の夢を求め、一年中夢求で発明を楽しもう

1．最初の心構えで、○○の発明の製品化が決まる

●「勉強しなさい」といわれなくても

小さいとき、お母さんに、よく「勉強しなさい」といわれたでしょう。

誰からも「勉強しなさい」といわれなくても、いま、発明の勉強をしているみなさんは、すごいです。

ところで、発明する目標は、○○の発明の製品化だ、と思います。製品化を実現するために、経験が豊富な中本に、少しだけお手伝いをさせてください。

そして、一緒に発明で〝一攫千金〟の夢を見ながら、笑顔の毎日にしませんか。

ここで、お願いがあります。それは、タダの頭、手、足を使っても、ムダなお金を使ってはいけない、ということです。

●思いついた段階で、「YES・NO」の判断はしない

○○の発明は、思いついただけです。だから、いま、「YES・NO」の判断をしてはいけません。

判断をするための材料、情報が少ないからです。

本当に、素晴らしい、といえますか。10分間、説明（プレゼン）ができる情報、もっていますか。

●製品化できる発明にまとめよう

発明をまとめるとき、次のプロセスを踏んでください。

そのプロセスで、さらにいいヒラメキを得ることもあります。

そこで、一歩さがってください。そして、できるだけ客観的に観察してください。

（1）「手順・1」もっと便利にしよう

みなさん、毎日の生活の中で、職場の中で、○○は不便だなあー、と感じたことありませんか。

そういったことを体験すると、使いにくい物品の形状、構造（しくみ）を改良したい、と思うでしょう。それが発明です。

たとえば、新婚1年目の夫婦に待望の赤ちゃんが誕生しました。毎日、楽しみが増えました。

それは、赤ちゃんの成長です。それで、「目盛り付きタオル」を考えて、お風呂に入れたあと、身長を簡単に測定できるように工夫しました。

(2)「手順・2」情報をたくさん集めよう

次に、「目盛り付きタオル」の発明の芽をのばすために、関連の情報を集めることです。同じものが、販売されていないか、調べましょう。

いま、販売されている商品は、Yahoo(ヤフー)、Google(グーグル)などで検索できます。それでは、「検索キーワードボックス」に商品名、検索キーワードを

目盛り付きタオル

と入力して、検索してみてください。

すると、どんな商品が売れているか、などの様子がわかりますよ。

次は、専門店、量販店など、いろいろな店へ行ってください。市場調査ができます。

□「目盛り付きタオル」の先行技術(先願)、調べましたか

関連の情報、集めましたか。……、まだ、調べていません。

「特許情報プラットフォーム(J-PlatPat)」知っていますか。他の人(第三者)が先に出願をしていないか、先行技術(先願)を調べることができます。

□売り込みたい第一志望の会社、決めているか

売り込みたい会社、決めていますか。……、まだですか。それでは、先行技術（先願）を調べながら、会社で出願しているところをチェックしましょう。発明に興味をもっている会社です。新しい製品を開発するために、熱心に取り組んでいる会社です。

そこの会社のホームページを見てください。業務の内容が紹介されています。……、売り込みをしたい会社が見つかります。目標の第一志望の会社にすればいいのです。さらに、会社に、気に入ってもらえるように、傾向と対策を練りましょう。

↓「特許・実用新案、意匠、商標の簡易検索」の「特許・実用新案を探す」の「入力ボックス」に検索のキーワードをワード（Ｗｏｒｄ）で入力します。

「検索キーワードボックス」　　検索方式

［　　　　　　　　］　　［ＡＮＤ］　［検索］

「検索キーワードボックス」に発明の技術用語を入力します。

たとえば、［目盛り　タオル］と入力します。

検索方式は「ＡＮＤ」になっています。「ＯＲ」でも検索できます。

「検索」をクリックしてください。↓ヒット件数が「○○件」と表示されます。

関連の情報が見つかりますよ。

□明細書の形式に内容を整理しよう

ここで、目盛り付きタオルの形状、構造を比べるのです。

従来の課題（問題点）は、工夫したところは、発明の効果は、……、個条書きでいいです。明細書の形式に、内容を整理しましょう。

●特許情報プラットフォーム（J-PlatPat）

特許の権利を取るためには、○○の発明が先願（せんがん）であることが条件です。

先願とは、一番先に特許庁に出願をすることです。

「特許情報プラットフォーム」、特許庁（東京都千代田区霞が関3―4―3、地下鉄・東京メトロ・銀座線の虎ノ門駅下車、徒歩約5分です）で、先行技術（先願）は、調べられます。

※特許情報プラットフォーム〔Japan Platform for Patent Information〕略称（J-PlatPat）

①公報は、書類をまとめるときの参考書

公報を見ると、明細書の書き方がよくわかります。図面の描き方、符号の付け方などで悩まなくても大丈夫です。

図面を見ただけで発明のイメージがつかめる描き方がわかります。

どんな図面を描けば効果的か、すぐにわかります。

②売り込みたい会社が見つかる

「特許情報プラットフォーム」で、先行技術（先願）を調べるだけでなく、どのような会社が○○の発明の分野に興味をもっているかわかります。

熱心に取り組んで、新しい製品開発をしています。だから、会社で出願しているところをチェックしてください。売り込みたい会社が見つかります。

そこの会社のホームページを見て、業務の内容を調べて、目標の第一志望の会社にすればいいのです。さらに、会社に気に入ってもらえるように、傾向と対策を練りましょう。

※特許願に必要な書類

特許願に必要な書類は、①願書、②明細書、③特許請求の範囲、④要約書、⑤図面です。製法特許（方法の発明）のときは、明細書（説明書）で説明ができれば、図面は描かなくても大丈夫です。

「特許情報プラットフォーム」について、具体的な事例を第3章で紹介します。

（3）「手順・3」頭、脳を休めよう

ここで、いったん頭、脳を休めます。そして、潜在意識に一働きをしてもらうのです。

そういうときは、たとえば、散歩するのもいいでしょう。昼寝をするのもいいでしょう。お風呂に入るのもいいでしょう。神さま、仏さまにお願いするのもいいでしょう。他の仕事、趣味にチャレンジするのもいいでしょう。一切を忘れてベッドに入ってもいいでしょう。

準備をしたとき、豊富な経験、知識、得意なことが、頭、脳の中で熟成します。

ここで、発酵するのをまつのです。

（4）「手順・4」解決へのヒラメキがやってくる

少し休むと、ある日、突然、インスピレーションがわいてきます。

解決へのヒラメキがやってきます。ここが「目盛り付きタオル」の発明をお金「ロイヤリティ（特許の実施料）」に結びつけるためのプロセスでクライマックスになるところです。

この瞬間こそ、もっとも、心のときめきがあり、うれしいときです。

（5）「手順・5」論理的に検証しよう

ヒラメキというのは、華やかで素晴らしいものです。反面、頼りのないものです。

そのとき、これを知性と判断力で論理的に検証して欲しいのです。

もし、それをしなかったら、糸の切れた凧のように飛んでいき、二度と手元に、もどってきませんよ。

2. ○○の発明の製品化を一番に考えよう

（1）題材

□床がキレイになる「スリッパ兼用モップ」

私が書いた「別冊宝島２１９４号・発明で一攫千金（宝島社刊）」を読んで、発明の興味をもった○○さんは、スリッパとモップを組み合わせました。

それで、私を訪ねて、（一社）発明学会（〒１６２−００５５　東京都新宿区余丁町７番１号）に、１回（１件）体験相談に来てくれました。

□スリッパ＋モップ＝スリッパ兼用モップ

そのときの様子です。スリッパとモップを組み合わせた、スリッパ兼用モップは、素晴らしい発明です。……、といって、私に嬉しそうな顔で、説明してくれました。

だけど、素晴らしい発明だ、と力説するだけです。説明図（図面）も描いていません。説明文（明細書）も書いていません。何も、まとめていませんでした。

ここで、気になることがあります。それは、「スリッパ兼用モップ」の情報です。

（２）○○の製品の課題（問題点）を研究しよう

誰でも、最初の○○の発明は、思いつきです。

人（異性）を好きになったときと同じです。そのとき、何をしますか。すぐに指輪をしていないか指を見ましたよね。

発明の場合は、どうでしょう。

（３）「スリッパ兼用モップ」の情報を集めよう

①すでに製品化されていないか、販売していないか、調べましたか

まだ、関連した情報は、集めていません。そうですか。

商品は、Ｙａｈｏｏ（ヤフー）、Ｇｏｏｇｌｅ（グーグル）などで調べられます。それでは、「検索キーワードボックス」に商品名、検索キーワードで スリッパ　モップ などを入力してください。すると、どんな商品が売れているか、などの様子がわかりますよ。

②商品は、どこに行けば見られるか

専門店、量販店など、いろいろな店へ行ってください。

いま、一番売れている商品もわかります。〇〇の製品の市場調査ができます。

③どういったところをチェックすればいいのか

形、大きさ、材質、色彩、パッケージ、価格、会社名などをチェックしましょう。

物品の形状、構造を比べるのです。従来の課題（問題点）は、工夫したところは、発明の効果は、……、個条書きでいいです。明細書の形式に、内容を整理しましょう。

④先行技術（先願）、調べましたか

○○の発明に関連した情報、集めましたか。……、まだですか。それでは、「特許情報プラットフォーム」で、先行技術（先願）を調べましょう。

⑤売り込みたい第一志望の会社、決めているか

売り込みたい第一志望の会社、決めていますか。……、まだ、決めていません。

それでは、先行技術（先願）を調べながら、会社で出願をしているところをチェックしましょう。特許などの知的財産権に興味がある会社です。

そこの会社のホームページを見てください。業務の内容が紹介されています。……、売り込みをしたい会社が見つかります。ここで、会社を決めることができます。目標の第一志望の会社にすればいいのです。さらに、会社に、気に入ってもらえるように、傾向と対策を練りましょう。

（4）「スリッパ兼用モップ」の先行技術（先願）を調べよう

○○の発明に関連した情報、集めましたか。……、まだですか。

それでは、「特許情報プラットフォーム」で、先行技術（先願）を調べましょう。

↓「特許・実用新案、意匠、商標の簡易検索」の「特許・実用新案を探す」の「入力ボックス」

に検索のキーワードをワード（Ｗｏｒｄ）で入力します。

「検索キーワードボックス」　検索方式

［　　　　］　［ＡＮＤ］　［検索］

「検索キーワードボックス」に発明の技術用語を入力します。

たとえば、［スリッパ　モップ］と入力します。

検索方式は「ＡＮＤ」になっています。「ＯＲ」でも検索できます。

「検索」をクリックしてください。↓ヒット件数が「○○件」と表示されます。

右側の「一覧表示」をクリックしてください。↓「文献番号、発明の名称、出願人」などが表示されます。↓「文献番号」をクリックしてください。

発明の「書誌＋要約＋請求の範囲」が表示されます。

もっと詳しい内容も確認できます。「画面の上の左側」を見てください。出願書類の全項目「……、詳細な説明、利用分野、従来の技術、発明の効果、……」が表示されています。

たとえば、「詳細な説明」をクリックしてください。詳しい内容が表示されます。

関連の情報が見つかりますよ。

□明細書の形式に内容を整理しよう

ここで、「スリッパ兼用モップ」の形状、構造を比べるのです。

従来の課題（問題点）は、工夫したところは、発明の効果は、……、個条書きでいいです。明細書の形式に内容を整理しましょう。……、と説明しました。

すると、よくわかりました。……、といって、とても喜んでくれました。

(5) 売り込みをすれば、様子がわかる

①売り込みの体験、しましたか
○○の発明の反応を見て、ウッ（！？）と思っているときは、ここで、手紙を書いて、売り込みの体験をしましょう。
②目標にしている第一志望の会社に手紙を送る
数週間後、発明学会に相談に来てくれました。その後の様子を聞いてみました。

……、返事、来ませんでした。このように、売り込みの体験をしてください。

受験勉強のときの、模擬試験です。

すると、あなたの○○の発明の実力と同じです。製品化は、1000に3つ（0・3％）といわれている意味が理解できます。

③１００点満点、と思い込んでいないか

思いつき程度の発明でも、本人は、それが、１００点満点の発明のように思い込んでいたのです。テストの結果、早くわかった方が、次の対策が取れますよ。

(6) 特許、意匠は先願（せんがん）主義

特許、意匠は、先願主義です。先願主義は、１番先に出願した人に権利をあげる。……、という考え方です。だから、先に出願することが原則です。……、といっても、あなたの○○の発明は、まだ、まとまっていません。

□特許願に必要な書類、調べましたか

□出願書類、書けますか

私は初心者です。特許願の形式もわかりません。だから、まだ、書いたことはありません。……、そうですか。○○の発明も、思いついただけです。いま、出願を急いでも、○○の発明は、未完成です。その状態では、○○の発明、製品化になりませんよ。

（7）思いついただけで、出願を急いではいけない

わかりました。でも、どの時点で、出願をすればいいのか、……、町の発明家も、会社の知的財産権の担当者も悩みます。とくに、初歩の発明家はたくさんのヒントも、悩みも抱えています。

①自分で出願書類が書けなくて、悩んでいる。
②一日も早く出願しなければ権利が取れない。……、と思って悩んでいる。
③公開すると、模倣される。……、と思って悩んでいる。
④先に出願されないか心配で、売り込みができなくて悩んでいる。

考えてください。○○の発明を製品化したいわけですよね。だったら、情報を整理して、魅力的な発明にまとめることです。明細書の形式に、内容の整理をしましょう。

（8）創作した事実を残しておこう

個人の創作活動でも、会社で新製品を開発するときも、まとめ方は同じです。

中には、物品の形状、構造（しくみ）が複雑で、時間がかかるものもあります。

そこで、○○の発明をまとめるとき、いろいろな方法で創作した内容を残しておくことです。

たとえば、公証役場を利用する人もいます。郵便局の切手の消印を利用する人もいます。創作し

た事実「○○の発明、○○年○月○○日に創作しました。」が残せるからです。

(9) 先使用権（せんしようけん）

先使用権とは、先に使用する権利です。創作した事実を残しておけば、ここで、先使用権（せんしようけん）が発生します。

この点が、著作権を活用する大きなメリットになります。

著作権は、文芸、学術、美術、音楽に関するものです。思想、感情の表現を保護してくれます。権利は自然に発生します。

3. 発明で世の中を明るくして元気になろう

●明るく元気になれる

人は、誰でも、毎日の生活を楽しく、明るく元気になれるように工夫をしています。あなたも、そうでしょう。

だから、あなたは、もともと発明家だったのです。ただ、自分が発明家だ、ということに気がついていなかったのです。

そうですよね。昔、発明といえば、エジソンとか、ワットのような発明家か、大学の学者、企業の一部の研究者がするものだ、と一般に思われていましたからね。

たしかに、エジソンが発明した電球は、世の中を明るくしてくれました。ワットが発明した蒸気機関車も、電信も、電話も、現在の生活に大きな恩恵をあたえてくれています。

ついでに、私（中本）の暗ーい性格も、電球で明るくしてくれました。

私は、高校、予備校、大学、合計で、10年間、夜間の学校に通いました。その間、暗ーい、夜間の生活を体験しました。

工業高校（定時制）に、4年間、大学受験のため、都内の予備校（夜間部）に、受験のための3科目（数学、物理、英語）の学習で、2年間、大学（2部）の工学部に、4年間。

それで、10年間の生活を照明（証明）してくれました。

それとは、ちょっと違う。……、という声が外野から聞こえそうです。

※照明と証明

（1）便利なものにして、快適な毎日を

では、私たちの生活に密着した、身近なところに目を移してみましょう。

たとえば、台所、お風呂場です。毎日、便利な製品を使っています。それらの多くの製品は、大発明家の創作物ではなく、ごくごく普通の人が考えたものです。

そして、毎日、お世話になっています。

それなのに、面倒で、使いにくい。

思うようにいかない。

……、など、不快なことが、次々に起こります。

その一つひとつが、あなたの発明のテーマ「題目」になります。

そうです。問題意識をもちましょう。すると、上手くやっタネ、になります。

（2）洗濯物をはさむピンチを整理するための保持具

一例を紹介しましょう。たとえば、洗濯をしている主婦が、これは、面倒だ、と思うことの中に、洗濯物をはさむピンチの整理があります。それは、ピンチじゃなくて、チャンスですよ。面倒なことは、かご（容器）の中に入れておいても、洗濯物を干すとき、両手を使います。だから、かご（容器）を持って歩けません。

また、雑然と入れておけば、今度は使うときに、1個ずつ取り出すのが面倒です。

そこで、ピンチを使うときに、この作業は、面倒だなあー。……、と気が付くでしょう。

すると、新しい発明が生まれます。
※ピンチ（ｐｉｎｃｈ）と洗濯物を干すときに使うピンチ

①情報を集めよう
洗濯物をはさむピンチを整理するための保持具、製品化するためには、発明に関連した、情報をたくさん集めることです。

すでに、商品になっていないか。販売されていないか、調べてみましょう。

販売されている商品は、Ｙａｈｏｏ（ヤフー）、Ｇｏｏｇｌｅ（グーグル）などで検索できます。

すると、どんな商品が売れているか、様子もわかります。

たとえば［洗濯　ピンチ　保持具］［洗濯　バサミ　保持具］などで、検索してみてください。
②「特許情報プラットフォーム」で、先行技術（先願）を調べよう
同じような発明を他の人（第三者）が先に出願をしているかもしれません。

「特許情報プラットフォーム」で、先行技術（先願）を調べましょう。

関連の情報が見つかりますよ。

たとえば **洗濯　ピンチ　保持具** **洗濯　バサミ　保持具** などで、検索してみてください。

（3）人はもっと便利なものを求める

人間には、欲望があります。だから、どんなにぜいたくな生活をしている人でも、便利なものが、専門店、量販店などで販売されているのを見ると欲しくなります。

そうです。いま、使っているものが便利でも、人は、それよりも、もっと便利なものを求めます。すると、また、それに不満を感じます。

そして、その不満を満足にかえます。それが発明です。

なんだ、それくらいのことなら、自分にも、できるなあー。……、と思うでしょう。

そこで、少し考えるのです。すると、すぐに、2つ、3つ、思いつくでしょう。

このように、○○の発明をしていた、あなたは、もう、発明講座に入学した1年生です。だから、発明の学習は、やろう、と思えば、誰でも、いつでもスタートができます。

それは、人間だけがもつ、喜怒哀楽の情が発明の源泉だからです。

（4）いい生活ができるか

私たちは、将来に向かって、どうしたら、いまよりも、さらに、いい生活ができるか、と考えます。そして、家庭でも、職場でも、がんばります。

そのような状況の中で、人間は感情の動物、といわれています。

だから、思いどおりにことが運べば、喜び、楽しさを感じます。不満、失敗が起これば、憤り、哀しみを訴えます。

一つの動作、現象、あるいは、物等を見て、そこに何かを感じます。すると、自然に大きな夢のある発明の世界に入っていけます。ここで、感情を豊かにしてください。それを自分の意識として受けとめください。悲しみ、憤りはなくそうとします。喜び、楽しみは、それを、2倍にも、3倍にもしようとします。その感情の転換が発明です。

4．成功発明の秘訣は、人のため世のために考えること

●世の中の利益につながる発明を考えよう

もともと、発明が世の中に出るためには、その創作物が人のため、世の中のためになる要素を備えていることがポイントになります。それは、発想の根本を他の人（第三者）を中心におかないと、本物の発明は生まれない、ということです。

製品化になった事例には、多くの教訓が隠されています。あとから評価をすれば、何か簡単に製品化になったようにみえます。ところが、そんなことはありません。失敗を重ねた悪戦苦闘の結果です。

読者のみなさんは、次のことを念頭において、製品化できる発明をめざしましょう。

（1）「1つめ」豊富な経験、知識、得意なことをテーマ「題目」に選ぼう

①超伝導（リニアモータ）の技術を他の用途に利用したい

たとえば、電車のスピードをアップするために、超伝導（リニアモータ）の技術を他の用途に利用しよう。

②バイオテクノロジーの技術を応用したい

バイオテクノロジーの技術を応用して、食べものの味を良くしよう。……、と考えることです。なるほど、……、着想は素晴らしいです。

だけど、その分野について、興味があっても、学習をしていないでしょう。すると、結果、どうなりますか。

豊富な経験、知識がない人は、課題（問題点）を解決することができません。解答が見つかりません。それでは、思いついただけで、終わってしまいます。

それを解決する方法を説明できる豊富な専門の知識のある人は別です。

最近は、冷凍食品が多く、解凍（解答）する機会も多いと思いますが、その解凍とは、違いますよねー。だから、職場、家庭などで直面する身近なものにチャレンジしてください。そして、それをどうやって解決したらいいか、と考えて欲しいのです。

そうです。豊富な経験、知識、得意なことをテーマ「題目」に選ぶのです。

他の人（第三者）に頼っていたら、お金がかかります。また、それで、いつまでたっても、◯の発明を製品化できません。他の人は、真剣に、育ててはくれませんよ。子育てと同じです。

※解答と解凍

（2）「2つめ」タダの頭、脳、手、足を使って、ムダなお金は使わない

お金を使ったから、といって、素晴らしい発明は生まれません。

また、○○の発明、製品化できます。……、という保証もありません。製品化できるパスポートだって誰も発行してくれません。

たとえば、フルマラソン（42.195㎞）をイメージしてください。

スタートして、すぐに、ダッシュすれば、最初だけ、人より前に出ることができます。

ちょっとだけ、目立ちます。だから、カッコいい、と思います。

でも、その方法では、いつまでたっても、ゴールにたどりつけません。ムリをしているから、途中で疲れてしまいます。発明の場合は、お金に余裕がなくなります。

(3)「3つめ」たくさんの発明の量（発明の数）を出す

素晴らしい発明が生まれる確率は、作品の量に比例する。……、といわれています。

また、課題（問題点）を解決する方法も1つだけではない、ということです。

学校の成績は、A評価の「優」より、B評価の「良（量）」が多かったでしょう。

そんなことはないですよ。……、と叱られそうですね。でも、発明は量が多い方が素晴らしい結果に結びつきます。とにかく、発明の量をたくさん出すことです。

（4）「4つめ」アイデア（発明）は愛である

発明の基本は、優しさ〝アイデア（発明）は愛である〟です。たとえば、子どもを可愛くしてあげる、といった視点をもつ方がいいものができる、ということです。

発明はやさしくて、楽しい、と考えることが大切です。最初から、発明は難しく大変だ。……、と思っていると、製品化できる発明は生まれません。ガマンをして頭をひねっても、いい案は浮かんできませんよ。楽しむ気持ちの余裕が大切です。

（5）「5つめ」メモを取る習慣を付けよう

発明、創作の第一歩は、自分の頭で、脳で、不便なこと、困ったことを解決する。……、ということです。

そこで、人は、その解決方法を考えます。たとえば、解決する方法を布団の中、電車の中などで思いついた。……、としても、少し時間がたつと忘れています。だから、これからは、必ずメモを取るようにしましょう。

5. 確実に製品化できるテーマ「題目」を選ぶ

●テーマ「題目」は、説明図（図面）を描いて、手作りで、試作品が作れる発明にしよう

自分は不器用だ、と思っている人は、最初、確実に製品化できるように、目標を小さくしてください。手が届く、半歩先にしてください。妄想（根拠もなく、あれこれと想像すること）を抱いてはいけません。

説明図（図面）を描いて、手作りで、試作品を作ってください。テストをしてください。

□製品化できる発明を考えるとき、大切なことは何か

それは、テーマ「題目」です。説明図（図面）を描いてください。手作りで、試作品が作れて、テストができる発明を選ぶことです。そうすれば、製品化できます。

□学生時代のテストを思い出してみよう

大好きな科目は、試験のとき、いつでもいい点数が取れたでしょう。……、ハイ。

テストのために学習した時間だって、辛くなかったでしょう。……、ハイ。

不得意な分野で、嫌いな科目のテストの点数は、どうでしたか。……、いつも赤点ギリギリでした。

発明のテーマ「題目」も、大好きな科目を選んでください。

□どうして、結果に結びつかない、不得意な分野を選ぶの

得意なテーマ「題目」を選ぶと、楽しみながら、○○の発明を製品化できます。

それなのに、不得意な分野を発明のテーマ「題目」に選ぶ人がいます。……、その結果、2年も、3年もしても、……、結果に結びつかないのです。それは、最初から、その道を選んでいるからです。

課題（問題点）を解決できないから、いくらがんばっても得るところは少ないです。

その理由ですか、簡単です。

……、その分野の技術、豊富な知識がないからです。それでは、人にお願いしないと、課題（問題点）が解決できません。だから、お金もかかります。

それでも、どうしても、チャレンジしたいときは、自分の力、知識を高めることです。それからです。

□発明の成功率は、女性の方が高率

私のデータでは、女性の方が高率です。その理由を調べてみました。

□男性は「目標」が大きい

男性の「目標」は、野球でいえば、最初からホームランを打とうとします。大きな目標を掲げます。カッコをつけたいから、ムリをします。だから、大振り三振、尻もちをつく、といったケースが多いようです。

□女性は「目標」が小さい

女性の「目標」は、○○の発明で、月々数万円の小遣いが入ればうれしい、といった小さな「目標」を掲げます。

「目標」が小さくて、現実的です。だから、製品化になりやすいのです。

つまり、野球でいえば短打主義です。そのどちらがいいか、なかなか決められないでしょう。だけど、短打主義が確実だ、ということはいえます。

もう少し具体的な事例で教えてください。

□飲料水の容器の保持具と環境にやさしいエンジン

自動車の車内に、簡単に移動できる飲料水の容器の保持具がありません。そこで、飲料水の容器の保持具を考えました。……、といった発明と、私は環境にやさしい自動車のエンジンを考えました。……、といった発明です。

この２つの発明を比べてみましょう。飲料水の容器の保持具は、同じ自動車関連でも「目標」

が小さいでしょう。だから、製品化できます。
あなたの発明がエンジンのように高度で、技術的な内容になると、手軽に試作品を作り、発明の効果を確認する、というわけにはいかないのです。町の発明家では具体化できない領域です。やはり、小物の工夫の方がはるかに現実的です。

□他の人に真似されるような創作物にまとめよう

自分で創作した○○の発明は最高だ！　と思うのは、誰でも同じです。そんな発明天狗が私の周りにいます。

たとえば、私の彼女（彼）は最高だ！　と思うのと同じです。失礼、……。

その次に考えることがあります。それは、○○の発明が盗用されたら、どうしよう。真似されたら困る、という被害者意識です。そこで、すぐに、プロに依頼して、急いで、特許庁に出願します。

著作権（権利は自然発生）のときでもそうです。たとえば、ポスターに絵を描いた動物の人気にあやかって、ぬいぐるみを作った。それに子どもの動物をおんぶさせた。

○○の発明は素晴らしい、盗用されたら大変だ、だから、１日も早く意匠に出願しよう。

……、いや、著作権に早く登録して証明してもらおう。

雑誌、新聞のコラムの欄に記事を投稿すればしたで、もう雑誌に掲載が決まったような気になっています。

こうした感情は、初心者の発明家の人には、共通していえることです。まだ、経験の浅い人ほど、自分に惚れ込む度合いが強いです。それも仕方がないことかもしれません。

自分を信じられるくらい幸せなことはありません。前進というのは、自分を信じるからできるのです。自分の発明が盗用されたり、真似されたりしないのか、と恐れるのは、それだけ自分に自信があるわけです。そう思うことは大切なことです。

□○○の発明、製品化できるか、確認をしよう

○○の発明、製品化できるか、気になりますよね。

では、ここで、目標の第一志望の会社に、売り込みの体験をしましょう。

テストを受けることです。○○の発明が合格点か、会社の反応がわかります。

……、第三者の考え方、発明の見方もわかります。

売り込んだ結果、どうでしたか。

どこの会社も買ってくれませんでした。見向きもしてくれませんでした。

そうですか。でも、ここで、くじけてはいけませんよ。○○の発明が製品化できる発明家には

なれません。

□発明を改良して試してみよう

たいていの人は、ここで、手作りで、試作品を作り、発明を改良します。便利になったか、試します。ところが、一度の改善で、これで完全だ、と思うのです。

そこで、また、自慢します。しかし、人生は、自分の思うとおりには、いきません。

一般的にみて、10件、15件ぐらい出願をして、初めて、一つぐらいが当たる、というのが普通です。エジソン、松下幸之助でも当たったのは、10件、15件目ぐらいだ、といわれています。

たいていの人は、5件、6件ぐらいまでは続けます。

ところが、上手くいかないと、そのあとが続きません。ここで、あきらめます。そして、私には、発明の才能がない。……、と思い込みます。

ここが発明家として、第一の壁です。

人に真似されるものができるまで、10回以上は、やってみましょう。失敗しても、会社に相手にされなくても、うぬぼれ心を奮い起こすことです。

□100点満点の発明はない

発明の学習をはじめて、2年も、3年も、たつのに、まだ、一つも製品化にならない、となげく発明家がいます。それは、なぜでしょうか。発明を考えるときは、力を入れます。
ところが、売り込みには、時間とエネルギーを使わないのです。
①売り込みたい会社、10社、20社決めていますか。
②ホームページで、会社の事業内容、確認しましたか。
③会社に気に入ってもらえるように、傾向と対策、練りましたか。
④説明図（図面）を描いて、手作りで、試作品、作りましたか。
⑤市場調査をしましたか。
……、もちろん。すべて、ＯＫですよね。
○○の発明が飛び抜けたものなら、数人に見てもらえば、すぐに、製品化してくれる会社は見つかります。しかし、１００点満点の発明はありません。良くて、80点です。それもきわめて少ないです。たいてい、60点から70点です。良くて、75点、といったものばかりです。それが、普通のことです。

6. テーマ「題目」は、及第発明を選ぶ

●テーマ「題目」の選び方に問題がある

これは、というテーマ「題目」が見つかったら、「目標」の半分は達成しています。

ところが、最初は、誰でもいろんなものに興味をもちます。

たとえば、食事をするとき、マヨネーズ、ケチャップを使うことがあります。そのとき、いつも一定の量が出せると便利なのに、と思います。そして、便利な容器を考えます。

次の日は、洗濯ハンガーのことが気になっています。

数日後、今度は、まな板の工夫にチャレンジしていました。

そうです。見るもの、聞くもの、すべてに興味をもって、それを、テーマ「題目」にしているのです。

それも、最初は、工夫する習慣を付けるために必要です。だから、まあー、いいでしょう。しかし、それを続けたら、深みのある、製品化できる発明は生まれません。

だから、浮気発明はいけません。一つだけ選んで、情報を集めて、深く極めることです。

すぐに思いつく程度の工夫なら、おそらく、大先輩が考えていたでしょう。Ａの方法、Ｂのや

り方でも、課題（問題点）が解決できるからです。

●どこに的をあてたらいいのか

豊富な経験、知識、得意な分野の中から、テーマ「題目」を探すことです。

では、どこに的をあてたらいいのでしょうか。

①自分の豊富な経験、知識、得意なこと。
②説明図（図面）を描いて、手作りで、試作品が作れて、テストができるもの。
③多くの消費者が望む身近なもの。

この条件の意味、わかるでしょう。だから、職場、家庭などで直面する身近なところからテーマ「題目」を選ぶことです。それが、製品化できる、1番いいやり方です。

それは、テーマ「題目」に対して、豊富な経験があるからです。専門的な知識をもっているからです。得意なことです。だから、自信もあります。課題（問題点）の分析も、課題（問題点）の解決方法も、簡単に見つかります。

説明図（図面）も描けます。手作りで、試作品も作れます。テストもできます。だから、発明の効果が確認できます。

または、職場とはいえないかもしれませんが、家庭用品の発明を製品化できた人は、私のデータでは、圧倒的に女性が多いです。

それは、長い経験の中で、不便で、困ったことを解決しているからです。

●自分の力に応じたテーマ「題目」を選ぶ

ところが、職場以外でも、自分に経験のないところにも、テーマ「題目」はたくさんあります。その中から、素晴らしいヒントが見つかります。

そういうときは、その分野の情報をたくさん集めることです。そうすると、多くの人が不満に思っていることもわかります。一方では、自分の力を知ることもできます。

そうすれば、自然に自分の力に応じたテーマ「題目」を選ぶことができます。

たとえば、パソコンのハード（機能）、ソフト（プログラム）の知識がない人が、パソコン（IT）の発明に頭をつっこみました。

どうなると思いますか。……、発想が素晴らしくても、思いついただけです。それでは、課題（問題点）の解決方法が、見つかりません。説明書（明細書）が書けません。

一人で完成させることができません。

●○○の発明で、お金を儲けたい

○○の発明で、お金を儲けたい。……、という人はたくさんいます。しかし、その人に、あなたはいったいいくらお金を儲けたい、と思っていますか。……、と逆に質問をします。

①1年後、１００万円儲けたいのか。

②いま、20万円いるのか。

③6カ月後、50万円欲しいのか。

その目標が、はっきりしていて、はじめて、それに適した計画がたち、実行できます。

私は、○○の商品をもっと使いやすくするために○○の部分を改良します。それを、目標の第一志望の○○会社に売り込みをします。……、といったことです。

だから、答えが、ぼんやりと、お金を儲けたい、では、上手くいきません。

たとえば、彼女（彼）がいると、今度の休日、デートができて楽しいだろうなあー。

……、と思うだけでは、いけません。「目標」をはっきり決めることです。

7. ○○の発明、製品化になるか、ヒントの数に比例

(1) 発明はヒントの数だけ楽しめる

発明の学習をスタートして、まもない人から、私は、すぐに、10種類の発明を思いつきました。それで、すぐに、発明講座に入学しました。

その発明をカバンの中に大事に入れて、面接相談の担当の講師に相談しました。ところが、その返事がみんな、落第発明です。……、といわれました。

理由がありますよ。取り組み方に問題があります。……、一つひとつの発明の情報が少ないからです。

「特許情報プラットフォーム」で、先行技術(先願)、調べましたか。

調べていません。……、そうですか。それでは、不合格点です。

恋愛にたとえると、同時に10人とお付き合いをスタートした感じです。

それでは、上手くいきませんよ。すべてが中途半端です。その結果、恋は一つも実りませんよ。

本命の人に力を入れましょう。

（2）すぐに結果を求めない

わかるでしょう。最初に思いつくヒラメキそのものは、発明といえません。

気になるとは思いますが、十種類を同時に考えるのではなく、一種類に絞って、極めることです。その一つについて、10個、20個の案を出すことです。

すると、その中にピカッと光るヒントが、1個か、2個、見つかります。そのヒントに、また、10個、20個の案を考えるのです。

その小さな案は、将来につながります。その結果、ゴールが見えます。そうです。製品化できる素晴らしい発明が生まれます。……、と答えています。

（3）ヒントを積み重ねる

○○の発明、いい着想か、悪い着想か、大きなヒントか、小さなヒントか、気になりますよね。でも、判断はあとまわしにしましょう。その前に、たくさんのヒントを積み重ねることです。ヒントは、質より量を心掛けるのです。量、量、量、です。

よく、下手な鉄砲も数を打てば当たる、と発明の世界でたとえられます。

この意味は、たくさんの数を打てば、まぐれで一つぐらい当たる。……、という意味ではありませんよ。どんなに下手な人でも、一つの標的に向かって、1万回、練習をしてください。そうすれば、上手になります。……、という意味です。

新しい発明を考えることも同じです。最初は、小さなヒントでも、それを続けてください。それが、大きなヒントになります。しかも、スポンサーがあらわれます。

また、ヒントの数もたくさん提案できるようになれば、いい着想を見つける能力は、自然にそなわってきます。

このヒントを考える発想力は、決して天性のものではありません。ある程度の練習によって、いくらでも伸ばすことができます。誰にでも簡単にできます。頭、脳の中から、発明の火を消さないことです。だから、毎日、5分、10分でいいです。考える時間を作るのです。そして、たくさん提案してください。

(4)つねに何かのヒントを頭の中に入れておこう

車でも、電車でもそうです。スタートするときは、大きなエネルギーが必要です。ところが、その割合に速度はどうでしょう。スピードは出ません。だけど、いったん走り出してしまえば、たいしたエネルギーを使わなくても一定のスピードを保つことができます。

新しい発明を考えるときも同じです。ある一つのヒントを思いついたとします。するど、少し考えている間に情報も集まります。同じようなものが見つかります。ところが、考えることを１カ月も、２カ月も休みます。

そのうち、○○さんが小さな発明で儲けた、といった話を聞くと、気合を入れます。何かを考えようとします。しかし、また、いつの間にか忘れます。それを繰り返すのです。そして、それでは、いつまでたっても製品化につながる発明は生まれません。

（５）考える時間を作ること、継続すること

短時間でいいです、１日のうち、どこかで考える時間を作ることです。継続することです。そうすれば、ヒントは必ず成長します。また、他の方面のヒントまで浮かびます。

そのとき、頭に浮かんだヒントは、メモを取ることです。

私たちは１日のうちに、たくさんの人と話をします。テレビ、新聞、雑誌からもいろんな情報を得ます。しかし、その内容の一つ一つを覚えることはできません。

だから、ふと浮かんだヒントも、そのときに覚えていても、その瞬間をすぎると忘れています。あとで思い出そうとしても思い出せないものです。忘れないように、メモを取ることです。研究

ノート（発明ノート）を携帯しましょう。……、といつもいっています。
スマートフォン、携帯電話は多くの人が利用しています。
その電話の形は、I体（アイタイ）です。今日も、アイタイと伝えるツールですね。
いつも楽しそうで、恋人同志っていいですよね。

8．一気に売り込み、自分の手で世に送り出そう

●売り込みは、手紙が一番
○○の発明、説明図（図面）を描いてください。手作りで試作品を作ってください。テストをして、発明の効果を確認してください。
今度は、目標の第一志望の会社に売り込みです。売り込みの、鉄則は、試作品作りにかけた時間、能力の数倍のエネルギーを使うことです。

そして、あなたの素晴らしい発明を、自分の手で、世に送り出してください。デビューさせてください。

私が1番に推薦したい、売り込みの方法があります。それは、手紙です。先方の予定を聞かなくてもいいからです。

手紙の中に、○○の発明は、特許出願中（P A T. P）です。……、と書いてください。

封筒の表のあて名は、たとえば、社外アイデア企画開発担当者 様「社外アイデア提案書」在中と書いてください。

手書きで書くのがいいでしょう。丁寧（ていねい）な文字で、しかも楷書で書くように心掛けてください。

□返事は、早ければ早いほど期待ができる

○○の発明の優れているところをたくさんPRしてください。そして、発明のデビューのチャンスをつかんでください。

ところが、中には、文章が苦手です。……、といって、しりごみをする人もいます。しかし、それは発明家のとりこし苦労です。

会社の担当者は、上手い説明文が欲しいわけではありませんよ。製品化できる発明が欲しいのです。だから、上手い説明文にまとめようと気負わないことです。

そうすると、心がずいぶんとラクになります。それで、発明の内容を、６００字くらいにまとめるのです。それに簡単な説明図（図面）を添付してください。簡単でしょう。

用紙は、会社の担当者が整理しやすいように、Ａ４（横21㎝、縦29．７㎝）サイズを使ってください。手間を惜しんではいけません。数社から、いい返事があって、天秤にかけるぐらいになりましょう。

□雑誌「発明ライフ」（発明学会 会報誌）で売り込み先を探そう

気軽に発明を売り込む方法は、雑誌「発明ライフ」（発明学会 会報誌）で売り込み先を見つけて、アイデアコンクール、ミニコンクールに応募することです。

発明家と会社を結びつける場であるミニコンクールを開催しています。

その詳細は、〒１６２―００５５ 東京都新宿区余丁町7番1号 一般社団法人 発明学会気付 中本繁実あてに、82円切手×6枚を同封し、請求してください。募集要項を送付します。

一次審査に合格すれば、会社と結びつくキッカケが作れます。

■すぐに使える、手紙の書き方《文例》

○○○○ 株式会社
社外アイデア　企画開発担当者 様

お忙しいなか、手紙を見ていただきましてありがとうございます。

拝啓
貴社ますますご隆盛のことと、お喜び申し上げます。
御社の商品、○○を愛用させていただき、その便利さに感謝しております。
さて、今回、○○の発明を考えました。
○○の発明が製品化できるか、ご批評をお願いしたく、手紙を書きました。
内容を簡単に説明させていただきます。
○○の発明は、
………………（内容をわかりやすく書いてください）。
………………………………………………………………………………

すでに、説明図（図面）を描いて、手作りで、試作品を作り、何カ月も使っています。

説明図（試作品の写真）を同封いたします。ごらんください。

余計な時間を取らせて恐縮ですが、企画開発部の方で、ご検討お願いいたします。

製品化するのが難しそうでしたら、今後の方向性など、プロのご助言、ご指示などいただけましたら幸いです。

ご無理なお願いをして恐縮ですが、今後、発明をするとき、いい学習になりますのでよろしくご指導お願いいたします。

まずはお願いいまで。

敬具

【説明図】

〒
住所（フリガナ）
氏名（フリガナ）（　歳）

ＴＥＬ　　　　ＦＡＸ　　　　Ｅ―ｍａｉｌ

簡単な自己紹介を書くと効果的です。

出身地、趣味、得意な分野などを書くだけでもいいと思います。

「経験値」、「得意技」をＰＲしてください。

担当者も返事がしやすいと思います。

最後までご一読いただきましてありがとうございました。

心から感謝いたします。

□会社を訪問して、直接、面談をして、売り込みをしたい

先生、手作りの試作品を持参して、直接、会社の担当者と、面談をして、売り込み（プレゼン）をしたいです。

そうですか。……、わかりました。そのときは、会社の業務内容を確認してください。

○○の発明に興味があるか、○○の発明の説明書（明細書）、説明図（図面）、手作りの試作品の写真を先に郵送して、興味があるか、確認をしてください。それから、面談のお願いの手紙を書いてください。

たとえば、友人を紹介してもらうとき、婚活（お見合い）を想像してください。

最初は、お互いの写真を交換しますよね。気に入ったら、都合のいい日を聞いて、○月○○日にデートしてください、とお誘いするでしょう。

だから、面談を希望したいときは、○○の発明に興味があるか、確認をしてからです。

面談を希望するときは、短時間で、○○の発明のセールスポイントなどを簡潔に説明できるように、家で、3回は、練習してください。

説明図（図面）、試作品を活用してください。

第2章

落第発明も成功発明の第一歩

1．数十万円もムダにしていいの、その出願チョッとまって

●大好きなテーマ「題目」なら元気もやる気も出る

この本を読んで、元気になってください。

この本を読んで、発明の大ファンになってください。

でも、ここで、権利を取るために、ムリをして、簡単に、30万円も、50万円も、使わないでくださいね。

それよりも、これくらいなら、自分で書類が書けて、出願できる。……、と前向きな気持ちになって欲しいと思います。お手伝いしますよ。

でも、どうして、30万円、50万円なんですか。

この金額は、プロに出願をお願いしたときの費用です。

私は、○○の発明をスタートした時点で、出願をして、権利を取るためにムリをして、お金を使ってはいけませんよ。……、と教えたいのです。

突然ですが、たとえば、○○さんのことが〝大好き〟になりました。そのとき、1回のデート代に、30万円も、50万円も使わないでしょう。

だって、まだ、一方通行ですよ。〝大好き〟です。……、とも相手に伝えていないじゃないですか。

それよりも、自分の収入（給料）を考えてください。ムリをするあなたに○○さんは、信頼してついてきてくれると思いますか。

だって、そんなことでは、毎月の生活ができないじゃないですか。将来が不安です。

それは、それとして、とにかく日曜発明学校に入学したばかりの新入生は、ただの〝思いつき〟の発明が素晴らしい。……、と自分の都合のいいように判断してしまうのです。

好きなテーマ「題目」だけを選択して学習すればいいのです。好きで、得意なテーマ「題目」です。だからこそ元気とやる気が出ます。

●出願を急いでも「出願＝権利＝製品化」ではない

初心者の発明家は、私の○○の発明は、1番で最高です。だから、すぐに、製品化されます。……、と思っています。いつまでも、純粋な気持ちでいることは、とても大切なことです。でも、現実は少し違います。

ところが、○○の発明で、近い将来、500万円、いや、1000万円必ず儲かります。……、といって、でっかい夢を見てしまうのです。

その気持ちは、本当によくわかりますよ。でもですね。いまの時点では、まだ、○○の発明を思いついただけです。大きなことを望んでも、……。説明図（図面）も描いていない、手作りで試作品も作っていない、テストをして、発明の効果も確認していないじゃないですか。

そういった状況で、○○の発明の「製品化」は望めませんよ。

たとえば、赤ちゃんが誕生するまでも、どんなに急いでも、10月10日（とつきとうか）はかかります。

冷静になってください。……、とお願いしたいです。それでも、本人は、いま、すごく、燃えています。

このようなときは、他の人（第三者）がどんなことをいっても、聞いてくれません。

1日も早く特許庁に出願したい。……、と出願することだけを考えています。

それで、すぐに、プロに出願をお願いしようとするのです。書類を書いてもらえるので、本人はラクができていいと思います。

その気持ち、良くわかります。○○の発明は素晴らしい。……、と思いますよ。

だけど、初心者の発明家が考えた、最初の発明の多くが、「出願＝権利＝製品化」ではないのです。

書類「権利範囲」の書き方で、権利を取ることはできるかもしれませんよ。

たとえば、物品の形状、構造（しくみ）などの条件を限定すればいいのです。しかし、権利範囲は狭いですよ。だから、とりあえず、出願を急ぐ前に特許庁の「特許情報プラットフォーム(J-PlatPat)」を見て欲しいです。

その意味がよくわかります。そして、ここで、もう一度良く考えてください。

数十万円も、ムダにしないためにも、その出願チョッとまって欲しいのです。

2. 落第発明のまな板

●清潔にしておくことの大切な「まな板」
「まな板」の発明も、いろいろな形状、構造（しくみ）のものがあります。

たとえば、「まな板」は、使ったあと、水切りをします。そこで、水切りが簡単にできるようにスタンドを付ければ、水切りが簡単にできます。……、といった内容のものです。

ところが、この発明の先行技術（先願）を調べてみると、同じようなものが見つかりました。

その他にも、

①「まな板」に引き出しを付けました。
②「まな板」に網を取り付けました。
③「まな板」の表面は、魚用にして、裏面を野菜用にしました。
④食材を同じ大きさに切れるように、「まな板」の表面に目盛りを付けました。
などの「まな板」です。

ところが、いずれも洗いにくい形状、面倒な付属物がついていることが欠点になります。「まな板」は、いつも清潔にしておきます。だから、頻繁に水洗いが必要です。そのとき、さっと洗えるような形状、構造のものでないと消費者は買ってくれません。これを念頭において、「まな板」を考えてください。すると、製品化される発明が生まれます。
□「まな板」に関連した情報、集めましたか
まだ、関連した情報は、集めていません。そうですか。

商品は、Ｙａｈｏｏ（ヤフー）、Ｇｏｏｇｌｅ（グーグル）などで調べられます。それでは、「検索キーワードボックス」に商品名、検索キーワードで［まな板］などを入力してください。すると、どんな商品が売れているか、……、などの様子がわかりますよ。

3. 落第発明の包丁

●側面に凸部を付けた包丁

日用品、雑貨の製品で、一見便利そうにみえても、実際はそうでないことも多いようです。たとえば、台所で大根などを薄く切るとき、包丁の側面にくっ付いてしまって、手で取り除いたりします。

これを防ぐには、包丁の片側に凸部を付けて、切片がいつでも一方に倒れるようにすればいい、ということがわかります。

そこで、この凸部の付け方をいろいろ工夫します。

しかし、実際に凸部を付けて使ってみると、それほど効果はありません。そのうえ、この包丁で皮をむくときは、この凸部がじゃまになります。

たとえば、りんごを２つに割るとき、この包丁を使ってみました。ところが、上手く、２つに割れないのです。

その他、便利だ、ということで、この包丁を使ってみました。すると、約8割から、約9割までが、この凸部がじゃまになることがわかりました。

包丁を使うとき、習慣的に使っていたことが多いので、この凸部の部分が気になります。皮をむくときにじゃまになります。使い方を間違えばケガをします。

これでは、欠点の方が多いです。

□「包丁」に関連した情報、集めましたか

まだ、関連した情報は、集めていません。そうですか。

商品は、Ｙａｈｏｏ（ヤフー）、Ｇｏｏｇｌｅ（グーグル）などで調べられます。それでは、「検索キーワードボックス」に商品名、検索キーワードで 包丁 などを入力してください。すると、どんな商品が売れているか、……、などの様子がわかりますよ。

4．落第発明の封筒

●開封しやすいミシン目付き封筒

封筒を開封するとき、はさみ、カッターが必要です。

そのとき、よく話題になるのが開封のしかたです。

そこで、考えたのが、封筒の開封口の下のところをミシンで縫っておけば開封するとき、この糸を引けば簡単に開封できます。……、といった発明です。

それよりも、糸を1本入れただけで開封が簡単にできます。この便利な封筒は、特許になりませんか。……、といった相談です。

手作りで、試作品を使ってみました。すると、たしかに便利です。でも、残念ですが、この発明と同じようなものがあります。

ある人は、ミシン糸などを使わなくても大丈夫です。……、ミシン穴を開けておけばいいです。それで、簡単に開封できます。……、というのです。

□新規性（新しさ）

ウーン、考え方は素晴らしいです。でも、残念ですが、この技術は、公知（こうち）の発明です。だから、新規性（新しさ）がありません。したがって、権利も取れません。

□公知（こうち）

公知とは、すでに、その技術を多くの人が知っています。……、という意味です。

その他に、往復封筒の必要性をのべて相談に来る人もいます。その種類の発明は、私が知っているだけでも十数種類あります。

封筒については、物品の形状、折り方をかえないで、上手い方法を考えないと製品化は難しいと思います。

もちろん、特殊で高価な封筒でもいいときは別です。

いまは、材料が高いから、というものは、それが安くできる、という前提のもとに考えることが大切です。

それでは、多くの人から相談を受ける発明を紹介しましょう。

たとえば、次のような内容の封筒です。参考にしてください。
①封筒の中身の有る、無し、を簡単に確認できる、窓付き封筒
②住所、氏名などのあて名の文字を真っすぐ書けるようにした方眼入り封筒
□「封筒」に関連した情報、集めましたか
まだ、関連した情報は、集めていません。そうですか。

商品は、Ｙａｈｏｏ（ヤフー）、Ｇｏｏｇｌｅ（グーグル）などで調べられます。それでは、「検索キーワードボックス」に商品名、検索キーワードで 封筒 などを入力してください。すると、どんな商品が売れているか、……、などの様子がわかりますよ。

5. 落第発明のセロテープ

□一定の長さのところに、ミシン目を入れる
セロテープについての相談も結構多いです。

その中で、相談が重複する発明を紹介しましょう。

一定の長さのところに、ミシン目を入れておけば、そこに宣伝用の文字、柄を入れることができます。そうすれば使用頻度の高いスーパー、量販店などでも使ってもらえます。……、という発明です。

セロテープにミシン目を入れておけば便利です。……、なるほど、と納得できる発明ですよね。

ところが、これも製造が上手くできるかが問題です。上手くできるようになったら、これは素晴らしく、たいしたものです。

私もそう思います。ところが、１番の問題は製造が難しい。……、ということです。

その理由を知らないで、多くの人が同じような内容のセロテープを考えています。

そこで、確認のためにセロテープを製造している会社に問い合わせてみました。

すると、いい案ですが、製造過程で、セロテープが切れることがあります。それで製品化は難

しい。……、という返事でした。

それよりも、こうしたところに気がつく、注意力は、いい意味で手本になります。

それでは、多くの人から相談を受ける発明を紹介しましょう。

たとえば、次のような内容のセロテープです。参考にしてください。
①カッターを使わずに切り取ることができ、次に使うときに、端末を簡単につまめる、切り取りミシン入りセロテープ
②セロテープのムダを無くするため、カットするときの目安にできる、目盛りを付けたセロテープ
□「セロテープ」に関連した情報、集めましたか
まだ、関連した情報は、集めていません。そうですか。

商品は、Ｙａｈｏｏ（ヤフー）、Ｇｏｏｇｌｅ（グーグル）などで調べられます。それでは、「検索キーワードボックス」に商品名、検索キーワードは セロテープ などを入力してください。

すると、どんな商品が売れているか、……、などの様子がわかりますよ。

6. 落第発明の安全画鋲

●画鋲の改良にチャレンジ

毎月、1回、日曜日（または、土曜日）に、全国50数カ所で日曜発明学校が開催されています。

東京の日曜発明学校（校長 中本 繁実）は、第3日曜日（13時～16時40分）に開催されています。

日曜発明学校には、誰でも気軽に参加できます。さらに、楽しみながら発明の学習ができます。

日曜発明学校は、近い将来、製品化の夢をみている発明家の集まりです。

それで、日曜発明学校には、初心者の発明家も参加しています。

その1年生の生徒の中に、毎年のように、画鋲の改良にチャレンジする人がいます。

①円板の周囲を少し持ち上げた画鋲

画鋲を抜くとき、爪が痛くないようにしたいので、……、といって、いろいろな形状、構造（しくみ）の画鋲を考えています。

その理由は、画鋲を抜くとき爪の痛さを体験しているからです。

たとえば、円板の周囲を少し持ち上げると大丈夫です。……、といった画鋲です。それを思いついたとき、本人は、さも大発明でもしたように得意満面の顔になっています。

そして、相談にきます。

中には、1年間に使う、画鋲の数をどこで調べたのか、その半分が、この形状、構造（しくみ）の画鋲になったとしても大変な数です。……、と力説する人もいます。

そんなとき、せっかく描いた大きな夢を簡単に風船玉を破裂させるようなことをいってしまい、とてもつらいです。すでに、同じような発明があります。

そのことを知らずに、いまでも同じような内容の発明を考える人がいます。

これと似たような画鋲には、次のようなものがあります。

②ゴム板などのクッション材を使った画鋲

ゴム板などをクッション材にして、弾力を増すとともに抜きやすいようにしたらどうですか。

……、といった内容の相談もあります。

③つまみを付けた画鋲

抜きやすいようにつまみを付けた画鋲もあります。

あるいは、円形のものを花の形状、昆虫の形状にすれば可愛い、といった画鋲の先行技術（先願）もあります。

また、画鋲が足につきささって、痛い、と悲鳴をあげたことの体験がある人が多いらしく、ころがってもけっして画鋲の針が上を向かないような形状にしました。……、という人もいます。

いずれにしても、画鋲は、単価が安い商品です。だから、製造するのにちょっとでも手間がかかるようになると、値段は、すぐに、２倍にも、３倍にもなってしまいます。そうなると、用途が特殊なところに限定されます。

そこに、これらの発明が世に出てこないワケがあります。

ただ、今後の問題として少し高価になったとしてもインテリアとしての画鋲は考えられそうです。

□「安全画鋲」に関連した情報、集めましたか
まだ、関連した情報は、集めていません。そうですか。

商品は、Ｙａｈｏｏ（ヤフー）、Ｇｏｏｇｌｅ（グーグル）などで調べられます。それでは、「検索キーワードボックス」に商品名、検索キーワードで 安全画鋲 などを入力してください。すると、どんな商品が売れているか、……、などの様子がわかりますよ。

7．落第発明のクレヨン

●折れにくいクレヨン

多くのお母さん方から、うちの子どもは新しいクレヨンを買ってあげても、すぐに折ってしまいます。そこで、クレヨンが折れないように表面をビニールの膜を巻いて、プラスチックのケースを1本、1本に付けてはどうですか。……、といった内容の名案の相談を受けます。

この発明の考え方は、チョークの粉が、手、服につきます。だから、チョークの表面に塗料を塗るか、紙を巻いてはどうですか。……、といった内容と同じです。

●少し便利になっても製造コストが高くなる

少し便利になっても、製品化されないのは、クレヨン、チョークの材料費が驚くほど安いからです。

したがって、少し便利になったとしても、製造コストが少しでも高くなると、値段がすぐに倍以上になってしまいます。そうすると、売れ行きが半減してしまいます。だから、○○の発明は製品化されないのです。

その他にも、文房具関係の発明で、筆箱の中で鉛筆の芯が折れることが多いので、芯を保護するために鉛筆の両端にスポンジゴムを入れてやると芯が折れません。……、といって相談にくるお母さんもいます。

読者のみなさんも、このような考え方をすればいいのです。それで、節約ができます。だから、そうしたことを毎日いくつか考え出していけば、特許、意匠などに出願しなくても、毎日の生活がそれだけ豊かになる。……、ということです。

チャンスを作るのはあなたです。

最近は、カラーの筆記具がふえました。だから、それらを買って改良してみると意外に穴場が見つかるかもしれませんよ。積極的にチャレンジしましょう。

□「クレヨン」に関連した情報、集めましたか

まだ、関連した情報は、集めていません。そうですか。

商品は、Ｙａｈｏｏ（ヤフー）、Ｇｏｏｇｌｅ（グーグル）などで調べられます。それでは、「検索キーワードボックス」に商品名、検索キーワードで［クレヨン］などを入力してください。すると、どんな商品が売れているか、……、などの様子がわかりますよ。

8. 落第発明の懐中電灯・豆電球

①警報機を付けた懐中電灯

たとえ話がいい例ではありませんが、新聞誌上で、○○○○に痴漢が出没して婦女子に暴行しました。……、といった内容の記事をときどき目にします。

それを見たとき、町の発明家は、その対策用の器具を考えて、1日も早く問題を解決して欲しいと思います。

そこで、考えたのが、たとえば、次のような発明です。

懐中電灯に警報機を付けたものです。イザというときに大きな音が出るようにしたのです。その発明のポイントは、懐中電灯に警報機を付けたことです。ここで、「特許情報プラットフォーム」で、先行技術（先願）を調べました。

すると同じような発明があります。

それに似たもので、電車の中などでカバンにさわると警報機が鳴り出すようにした発明もありました。

②豆電球付きドライバー

豆電球を使った発明は、たとえば、ドライバーの柄を透明なプラスチックで作り、その中に豆電球を入れて先を照らせるようにしたドライバーがあります。

その他に、ボールペンの筆記具の軸に豆電球を入れて暗いところでも字が書けるようにした発明もあります。

③豆電球付き傘の柄

だいぶ前の話ですが、あるお店で珍しい傘が大きくパンフレットに紹介されて売り出されました。

それは、傘の柄の下に豆電球を付けて地面を照らすようにした発明です。たとえば、雨の夜、水がたまっている道を歩くときには、このような傘があると、とても便利です。

また、夜、家に帰ってドアのカギの穴を捜すにも、この豆電球は、すぐに役にたつスグレモノです。……、というわけです。

それにしても、予想に反して、あまり売れなかったそうです。

そして、数カ月後、とうとうこの傘はすがたを消してしまった。……、といいます。

では、どうして、この傘が売れなかったのでしょうか。

その原因と思われることを一緒に考えてみましょう。

それは、製造するときの工程がふえたので、値段が高くなったからだと思います。

《チェック》

①1年のうちに雨が降る日は、何日ありますか。

②雨の降る日の中で夜間に傘を使うのは、何日くらいですか。

③夜間のうちで街灯もない暗い道を歩くのは、その中で、何回くらいですか。

④そのうち、水たまりの道がどのくらいありますか。

□必要度が少ない

○○の発明を考えたときは、まず、必要度をチェックしてください。チェック項目をみると、この発明の豆電球が必要になるのは、年に何回くらいか、計算してみました。

すると、年に、4回か、5回程度といった答えが出ました。

そう、豆電球を付けた傘は、使う機会が少ない。……、ということです。

使う機会が少ないと、入れておいた電池だってダメになってしまいます。必要なときに電球がつきません。

つまり、合理的に考えると、必要度が少ない。……、ということです。

これでは、買ってください。……、という方がムリですよね。

□「懐中電灯・豆電球」に関連した情報、集めましたか

まだ、関連した情報は、集めていません。そうですか。

商品は、Ｙａｈｏｏ（ヤフー）、Ｇｏｏｇｌｅ（グーグル）などで調べられます。

それでは、「検索キーワードボックス」に商品名、検索キーワードを懐中電灯の場合は 懐中電灯 豆電球の場合は 豆電球 など入力してください。すると、どんな商品が売れているか、……、などの様子がわかりますよ。

9. 落第発明の名刺

●目立つようにした名刺

仕事で名刺をよく使います。これは、自分を売り込むためのカードだからです。名刺で有名な発明は、左肩のところに会社のマークを浮き出しにしたものがあります。よく目立つ名刺です。

名刺の発明についても相談を結構受けます。その中に、次のような内容の発明の相談がありま

した。名刺の一部に写真、顔などのイラストを入れたものを考えました。これなら目立ちます。セールスマンなども大いに助かります。……、といった発明です。

この名刺なら、すぐに名前を覚えてもらえます。また、整理されて捨てられることもないでしょう。○○の発明、特許にならないですか。……、といった内容の相談です。

このような発明を多くの人が考えます。

ところが、写真を入れる名刺の発明は、先行技術（先願）があります。

でも、一般的に使われないワケがあります。それは、100枚の名刺に写真を入れると、高価なものになります。だから、少しの効果があっても使ってもらえないのでしょう。

多くの人に使ってもらうためには、値段がかわらない方法を考えることです。

そうすれば、その方が権利も取れるし、発明が製品化されたときは、みなさんが喜んで使ってくれると思います。

たとえば、名刺を冷蔵庫の外面、スチール製の表面に貼って、電話、FAXで注文、予約ができるようにした、マグネット名刺。

□「名刺」に関連した情報、集めましたか

まだ、関連した情報は、集めていません。そうですか。

商品は、Ｙａｈｏｏ（ヤフー）、Ｇｏｏｇｌｅ（グーグル）などで調べられます。それでは、「検索キーワードボックス」に商品名、検索キーワードで 名刺 などを入力してください。すると、どんな商品が売れているか、……、などの様子がわかりますよ。

10．落第発明のネクタイ

●最初から結んであるネクタイ

朝寝坊のサラリーマンがネクタイを結びながら家を飛び出す様子をテレビのドラマなどで見かけます。

そういう場面を見ると、簡単にネクタイが結べるといいのに、と思います。

そうした、不便を意識的に考えられる人は、製品化できる素質がある人です。

そこで、すぐに思いつくネクタイがあります。それは、最初から結んであるネクタイを作って、首の後ろでホックを使って止めるようにすれば簡単です。……、というものです。

それを、自分で出願書類を書いて所定額の特許印紙を貼って、費用がムダになってもいいです。

だから、1日も早く出願したい。……、と考えます。

読者のみなさんは、このように考えないでくださいね。

そのワケは、出願して数年後（3年以内）に「出願審査請求書」を提出すると、特許庁から、○○○○年に公開になっている発明と内容が同じです。だから、NOです（拒絶します）。……、といった内容の淋しい手紙が届きます。

拒絶になると、出願手数料（特許印紙代）は、とうぜんですがムダになります。

このように、お金をムダにしないためには、出願を急ぐ前に特許庁の「特許情報プラットフォーム」で、先行技術（先願）のチェックをすることです。

同じようなものがなければ、説明図（図面）を描いてください。手作りで、試作品を作ってください。テスト（実験）をすれば、発明の効果が確認できます。

だから、名案が生まれました。……、と思っても出願を急いではいけないのです。

その前に、説明図（図面）を描いてください。手作りで、試作して、自分自信で、それを使ってみることが大切です。

そして、人前に出られるように完成度を高めてから出願しましょう。とくに、ネクタイは長い間、習慣的に使っています。動作をかえるのは難しいものです。ネクタイを結ぶ、という行為になじみがあって、それを取りさることは心理的に難しい。……、ということでしょう。
だから、少しの思いつきくらいでは打破できないのです。
習慣を破らない程度に変化を加えると製品化のチャンスもあります。
たとえば、次のような内容のネクタイです。参考にしてください。

①裏と表が使えるネクタイ
②引っぱられたら、すぐに取れるネクタイ
③襟にくっ付けたネクタイ

ネクタイは、男のおしゃれの一つのポイントです。だから、ネクタイを改良する人も多いです
それだけにおしゃれの心理に上手くあわせられたらスポンサーも簡単にみつかると思います。
ネクタイは、おしゃれな発明だけに、女性の人が考えた方が製品化の近道かも知れませんね。

□「ネクタイ」に関連した情報、集めましたか

まだ、関連した情報は、集めていません。そうですか。

商品は、Ｙａｈｏｏ（ヤフー）、Ｇｏｏｇｌｅ（グーグル）などで調べられます。それでは、「検索キーワードボックス」に商品名、検索キーワードに［ネクタイ］などを入力してください。すると、どんな商品が売れているか、……、などの様子がわかりますよ。

11. 落第発明の石けん

①チューブ式の石けん

固形石けんをねり石けんのようにして、石けんをチューブに入れたら持ち運びが便利です。

……、といった内容の相談です。

これと同じような発明を多くの人が考えています。

②模様（絵）を付けた石けん

固形石けんは、型押しした模様が使っているうちにすぐ消えてしまいます。それで、文字、図形をくりぬいて色のかわった石けんを詰め込んだりしています。

石けんの一面に絵を描いて、ビニール膜などに貼り付けておくといつまでも消えません。

……、といったような内容の発明もあります。

なるほど、と思います。ところが、いまの石けんの製造方法は、製品が完成するまで自動化（オートメーション）になっています。

そうすると、このような方法を取り入れるとなると、その前に新しい機械が必要になります。

●製造方法を知らなければ落第発明

製造方法を知らない発明家は、できあがった製品について、形状、色を変えることだけを考える人が多いようです。でも、それだけでは、残念ですが、いつまでも未完成の発明のままです。そこで、新しい製品を作りやすくするためにはどうすればいいか、それを考えて欲しいのです。そのままでは、未完成の発明です。落第発明です。……、といわれないように気を付けましょう。

いまは、自動化が進んでいます。だから、同じような製品が氾濫しています。

このように、同じようなものばかりになると消費者は勝手なもので、人がもっていないものを欲しがります。だから、いまはかわったものを作れば売れる、という時代になってきました。

趣味の店などが流行するのも、そういうことが背景にあるからだと思います。

資本が少ない人は、そこの部分をねらうといいかもしれませんね。

□「石けん」に関連した情報、集めましたか

まだ、関連した情報は、集めていません。そうですか。

商品は、Ｙａｈｏｏ（ヤフー）、Ｇｏｏｇｌｅ（グーグル）などで調べられます。それでは、「検索キーワードボックス」に商品名、検索キーワードで［石けん］などを入力してください。すると、どんな商品が売れているか、……、などの様子がわかりますよ。

12. 落第発明の蚊取り線香

□簡単に着火ができる線香

発明に入門して、発明のヒントのつかみ方がわかるようになると、決まったように蚊取り線香の改良案を考える人がいます。

□線香の先端に着火剤を付着させた、蚊取り線香

たとえば、蚊取り線香は、1本のマッチでは火がつきにくいです。

そこで、火がつきやすいように工夫しよう。……、というわけです。

たとえば、先端にマッチのような薬剤、油のような着火剤をぬっておけばうまくつきます。

……、という、うまい案が生まれました。

そのとき、誰でも、しめた、これは素晴らしい発明です。

出願が1日でも遅れると他の人(第三者)の権利になってしまう。

早く出願しないと、どうしよう。……、と胸をときめかして、30万円、50万円を財布に入れて、プロの事務所に走りたくなるようです。

また、ですが、それもちょっとまってください。

先に、「特許情報プラットフォーム」で、先行技術（先願）を調べましょう。

説明図（図面）を描いて、手作りで、試作品を作って、テストをして、発明の効果を確認していないでしょう。また、誰にも相談もせずに、これは素晴らしい。……、と1人で結論を出していませんか。

そして、金鳥とか、ライオンなどの製品開発の担当者のところには、○○のような発明を買ってください。……、といって、手紙を送るのです。

そこで、採用できない理由を聞いてみました。すると、次のように説明してくれました。

薬を付けるとなると手数がかかります。そうすると、コストが高くなり、それでは、本当に残念ですが、製品化は難しいです。

参考までに、いま使っている線香は、すでに先端を細くしてマッチ1本で火がつくように改良されています。先をとがらせることは同じ工程内でできます。

だから、このように簡単で、素晴らしい製品の改良案の方が採用率は高いようです。

もう一つ、蚊取り線香の相談が多いのは、眠ってから1時間、2時間の一定時間で蚊取り線香の火が消えてくれるといいのになぁー。……、といった発明です。

それを解決する方法は簡単です。ブリキ片を線香の上に乗せておくだけでいいのです。

そうすると、ブリキに熱が吸収されて火は消えるというわけです。

このような考え方の発明の相談も多いです。

□「蚊取り線香」に関連した情報、集めましたか

まだ、関連した情報は、集めていません。そうですか。

商品は、Ｙａｈｏｏ（ヤフー）、Ｇｏｏｇｌｅ（グーグル）などで調べられます。それでは、「検索キーワードボックス」に商品名、検索キーワードで［蚊取り線香］などを入力してください。

すると、どんな商品が売れているか、……、などの様子がわかりますよ。

13. 落第発明の日曜大工用品

●使いやすくした日曜大工用品

プラスネジが大ヒットしました。

三角ネジはどうですか。

ミゾが1本のマイナスネジ、そのミゾの片方を狭くしておくとドライバーがはずれません。

……、といった発明が生まれます。

また、日曜大工が木ネジをねじ込むとき、最初は金づちでたたいて先をつき立ててからねじ込めます。現在の木ネジは、先端まで切っています。だから、たたき込むのに骨が折れます。そこで、ネジは途中でやめて先をとがらせておくといいです。……、という発明です。

このような発明を毎年、多くの人が考えています。

その他にも、ドライバーの先を磁化してネジを吸い付けたままネジ込めるようにすれば便利、といった内容の発明もあります。

ネジの他にも日曜大工の発明はたくさんあります。

たとえば、日曜大工のとき大活躍するのがのこぎりです。

のこぎりの発明で多いのが目盛りを付けたものです。

また、のこぎりが折れないように鋼（はがね）の中に、軟鋼をサンドイッチのように入れる、という発明もあります。

その他にも、のこぎりは、ひきはじめが上手くいきません。

ドリルで穴をあけるときドリルの刃が垂直になっているかどうか、素人には分かりにくいものです。そこで、ドリルに水準器を付けるといいでしょう。……、といったような内容の発明が生まれます。
このように、日曜大工をやってみると、家具、小道具の改良について、いろいろな発明のタネ（題材）が見つかります。

□「日曜大工用品」に関連した情報、集めましたか

まだ、関連した情報は、集めいていません。そうですか。

商品は、Ｙａｈｏｏ（ヤフー）、Ｇｏｏｇｌｅ（グーグル）などで調べられます。それでは、「検索キーワードボックス」に商品名、検索キーワードで 日曜大工用品 などを入力してください。

すると、どんな商品が売れているか、……、などの様子がわかりますよ。

14．失敗は成功のもと

●失敗をしても大丈夫

人は、誰でも、どこかぬけたところがあります。それで、ときどき失敗をします。

また、それが愛嬌でもあります。だから、失敗は成功のもと、などといわれています。

発明をまとめるとき、多くの人が一人で考えます。それで悩みます。

たとえば、Ｔさんが考えたゆで卵を作る容器を、契約金30万円、ロイヤリティ（特許の実施料）３％で○○会社が採用しました。

……、といった事実が本で紹介されています。ところが、失敗の話は紹介されていません。そこで、私は先輩の町の発明家から、発明講座に入学したばかりの頃、どんな失敗をしたのか聞きました。それを紹介しましょう。

先輩もあなたと同じようなことで、悩んでいたのです。

だから、心配しなくても大丈夫ですよ。参考になります。

発明の世界に入る動機には、いろいろなことがあります。動機がどんなことであっても、発明の世界に入って、歩きはじめる道は誰でも同じです。

●上げ底にした「ダイエット用の茶碗」
たとえば、次のようなケースです。

発明家のＹさんは、友人のために、上げ底にした茶碗を考えました。じつは、友人が病気のため食事制限をすることになったのです。それで、大好きなごはんを思いっきり食べられなくなったのです。そこで、気持ちだけでも満腹になれるように、Ａ「茶碗の底」にＢ「凸部」を「＋（足し算）」したのです。

上げ底にした茶碗Ａ「茶碗の底」＋Ｂ「凸部」＝Ｃ「ダイエット用の茶碗」です。

このように、考えがまとまったら、次は関連した作品のチェックをしてください。

●題材「ダイエット用の茶碗」の先行技術（先願）を調べよう

関連の情報、集めましたか。……、まだですか。それでは、「特許情報プラットフォーム」で、先行技術（先願）を調べましょう。

↓「特許・実用新案、意匠、商標の簡易検索」の「特許・実用新案を探す」の「入力ボックス」に検索のキーワードをワード（Ｗｏｒｄ）で入力します。

「検索キーワードボックス」　検索方式

［　　　　］［ＡＮＤ］［検索］

「検索キーワードボックス」に発明の技術用語を入力します。

たとえば［ダイエット　茶碗］と入力します。

検索方式は「ＡＮＤ」になっています。「ＯＲ」でも検索できます。

「検索」をクリックしてください。↓ヒット件数が「○○件」と表示されます。

関連の情報が見つかりますよ。
□「ダイエット茶碗」に関連した情報、集めましたか
まだ、関連した情報は、集めいていません。そうですか。

商品は、Ｙａｈｏｏ（ヤフー）、Ｇｏｏｇｌｅ（グーグル）などで調べられます。それでは、「検索キーワードボックス」に商品名、検索キーワードで［ダイエット 茶碗］などを入力してください。すると、どんな商品が売れているか、……、などの様子がわかりますよ。
□明細書の形式に内容を整理しよう
ここで、茶碗の形状、構造を比べるのです。

従来の課題（問題点）は、工夫したところは、発明の効果は、……、箇条書きでいいです。明細書の形式に、内容を整理しましょう。
●人の意見を聞いて助言をもらおう
町の発明家の中に、先行技術（先願）を調べない人がいます。情報が少ない状態で、出願を急ぎます。

さらには、市場性があるか調べないで、何年もかけて貯めた預金を使って、事業化に手を出して、業者に頼んで、製品を作ってしまう人もいます。

……、その結果、大変なことになります。

①先行技術（先願）を調べていない。

②市場調査をしていない。

他にも問題があります。

秘密にして一人でまとめようとします。だから、完成させるまでに、相当の時間がかかります。いまは、技術開発のテンポが速いです。その結果、新しい（新製品）といえる期間が短くなりました。

だから、発明を秘密にしないでください。知人、友人の意見を聞いてください。先輩に助言をもらってください。失敗を避けてください。

お金「ロイヤリティ（特許の実施料）」になる近道を進みましょう。少なくても家族の人には協力してもらいましょう。誰にも相談をせずに、一人で考えすぎてはいけません。それでは、残念ですが、さみしい結果が待っています。

第3章

情報は、インターネットと特許情報プラットフォームで集まる

1．すでに販売されていないか調べる

●題材「メジャー付きベルト」

発明家のＹさんは、最近、体型が気になり「メジャー付きベルト」を考えました。

どういった形状、構造の商品が販売されているか気になりますよね。

では、さっそく調べてみましょう。

□情報を集めよう

「メジャー付きベルト」の発明を製品化するためには、発明に関連した情報をたくさん集めることです。


すでに、商品になっていないか。販売されていないか、調べてみましょう。

販売されている商品は、Ｙａｈｏｏ（ヤフー）、Ｇｏｏｇｌｅ（グーグル）などで検索できます。

すると、どんな商品が売れているか、様子もわかります。

①Ｙａｈｏｏ（ヤフー）

Ｙａｈｏｏ（ヤフー）で検索してみましょう。それでは、「検索キーワードボックス」に商品名、検索キーワードなどを入力してください。

たとえば　メジャー付きベルト　と入力します。

続いて「検索」をクリックします。

「検索結果」が表示されます。その下にいろいろな情報が紹介されます。

その情報を見ながら、自分の発明と関連がありそうなところをクリックしてください。

必要な情報が見つかります。
②Google（グーグル）
Google（グーグル）で検察してみましょう。

チャレンジしてみてください。それでは、「検索キーワードボックス」に商品名、検索キーワードなどを入力してください。

たとえば　メジャー付きベルト　と入力します。

続いて「Google 検索」をクリックします。

「検索結果」が表示されます。その下にいろいろな情報が紹介されています。

その情報を見ながら、発明と関連がありそうなところをクリックしてください。

必要な情報が見つかります。
□商品は、どこに行けば見ることができるか専門店、量販店など、いろいろな店へ行ってください。
□どういったところをチェックすればいいのか
形、大きさ、材質、色彩、パッケージ、価格、会社名などをチェックしてください。
いま、一番売れている商品もわかります。
自分が考えている○○の発明の市場性がわかります。

2. 特許情報プラットフォーム〔J-PlatPat〕は、誰でも利用できる

(1) 特許情報プラットフォーム（J-PlatPat）は、特許の図書館、特許の辞書

「特許情報プラットフォーム」は、情報がいっぱいつまっている特許の図書館（library）です。

特許の辞書（dictionary）です。それも無料で、利用できます。活用してください。
※特許情報プラットフォーム〔Japan Platform for Patent Information〕略称（J-PlatPat）
□「特許情報プラットフォーム」で、先行技術（先願）は調べることができる
同じような発明を他の人（第三者）が先に出願をしているかもしれません。

「特許情報プラットフォーム」で、先行技術（先願）は、調べることができます。関連の情報も見つかりますよ。

□公報を見れば、発明の内容を明細書の形式に整理できる

公報は、明細書の形式になっています。だから、公報が従来の課題（問題点）、工夫したところ、発明の効果などの書き方の参考書になるわけです。

□「ポイント・①」公報は、書類をまとめるときの参考書

公報を見ると、明細書の書き方がよくわかります。

図面の描き方、符号の付け方などで悩まなくても大丈夫です。

図面を見ただけで発明のイメージがつかめる描き方がわかります。

どんな図面を描けば効果的か、すぐにわかります。

□「ポイント・②」売り込みたい会社が見つかる

「特許情報プラットフォーム」で、先行技術（先願）を調べるだけでなく、どのような会社が○○の発明の分野に興味をもっているかわかります。

熱心に取り組んで、新しい製品開発をしています。だから、会社で出願しているところをチェックしてください。売り込みたい会社が見つかります。

そこの会社のホームページを見て、業務の内容を調べて、目標の第一志望の会社にすればいいのです。さらに、会社に気に入ってもらえるように、傾向と対策を練りましょう。

(2) 特許庁は、ホームページで、発明活動に活かせる、特許情報を提供している

特許情報は、特許第1号から、現在、公開されている特許公報を、「特許情報プラットフォーム」で、調べることができます。

みなさんの発明と同じものが先に出願されていないか、調べるのです。これで、無駄な研究、無駄な出願をしなくてすみます。

□同じ種類の先行技術(先願)の公報を調べよう

素晴らしい発明を考えたとき、特許庁は、同じ種類の公報「特許情報プラットフォーム」を見て、それと比べてください。……、といっています。

やはり、先行技術(先願)の調査が必要です。趣味として、発明ライフを楽しんでいても、いままでの商品を3つ、4つは集めることです。

そして、たとえば、形、大きさ、材質、色彩、パッケージなどを比較しながら研究するのです。製品化になった理由、売れている理由を考えてみませんか。

（３）特許、実用新案、意匠、商標の簡易検索

「特許情報プラットフォーム」を開いてください。

「特許、実用新案、意匠、商標の簡易検索」の中の「特許・実用新案を探す」を選択してください。

●題材①「栓抜き」の先行技術（先願）を調べてみよう

関連の情報、集めましたか。……、まだですか。それでは、「特許情報プラットフォーム」で、先行技術（先願）を調べましょう。

□売り込みたい第一志望の会社、決めていますか

売り込みたい会社、決めていますか。……、まだですか。それでは、先行技術（先願）を調べながら、会社で出願しているところをチェックしましょう。発明に興味をもっている会社です。新しい製品を開発するために、熱心に取り組んでいる会社です。

そこの会社のホームページを見てください。業務の内容が紹介されています。……、売り込みをしたい会社が見つかります。目標の第一志望の会社にすればいいのです。さらに、会社に、気に入ってもらえるように、傾向と対策を練りましょう。

↓「特許・実用新案、意匠、商標の簡易検索」の「特許・実用新案を探す」の「入力ボックス」

に検索のキーワードを入力します。

「検索キーワードボックス」 [　　　] 検索方式 [AND] [検索]

「検索キーワードボックス」に発明の技術用語を入力します。

たとえば [栓抜き] と入力します。

検索方式は「AND」になっています。「OR」でも検索できます。

「検索」をクリックしてください。↓ヒット件数が「○○件」と表示されます。

右側の「一覧表示」をクリックしてください。↓「文献番号、発明の名称、出願人」などが表示されます。↓「文献番号」をクリックしてください。↓文献である特許公報の情報が表示されます。

文献の右上に表示されている「次の文献」をクリックすると、文献を順番に見ることができます。

「発明の名称」を見ながら、自分の発明と関連がありそうな「特許公報」をさがします。

「文献番号」は、「特開2000—○○○○○○」と表示されます。

特許公開2000年○○○○○号の公報といいます。

2000年に特許公開された○○○○○○番目の公報です。

なお、特許公報は、２０００年以降は、西暦で表示されています。

それ以前は、「特開平１０―○○○○○○」のように、和暦で表示されています。

もっと詳しい内容も確認できます。「画面の上の左側」を見てください。出願書類の全項目「……、詳細な説明、利用分野、従来の技術、発明の効果、……」が表示されています。

たとえば、「詳細な説明」をクリックしてください。詳しい内容が表示されます。

関連の情報が見つかりますよ。

□明細書の形式に内容を整理しよう

ここで、栓抜きの形状、構造を比べるのです。

従来の課題（問題点）は、工夫したところは、発明の効果は、……、個条書きでいいです。明細書の形式に、内容を整理しましょう。

●題材②「ワイン用の栓抜き」の先行技術（先願）を調べてみよう

↓「特許・実用新案、意匠、商標の簡易検索」の「特許・実用新案を探す」の「入力ボックス」に検索のキーワードを入力します。

「検索キーワードボックス」　　　　　　　検索方式

[　　　　　　　　　　　　]　　　　　　　　[AND]　　[検索]

「検索キーワードボックス」に発明の技術用語を入力します。

今度は [栓抜き　ワイン] と入力してください。

検索方式は「AND」になっています。「OR」でも検索できます。

「検索」をクリックしてください。↓ヒット件数が「○○件」と表示されます。

関連の情報が見つかりますよ。

□明細書の形式に内容を整理しよう

ここで、ワイン用の栓抜きの形状、構造を比べてみてください。

従来の課題（問題点）は、工夫したところは、発明の効果は、……、個条書きでいいです。明細書の形式に、内容を整理しましょう。

3．先行技術（先願）の調べ方を体験してみよう

●特許、実用新案、意匠、商標の簡易検索

「特許情報プラットフォーム」を開いてください。

「特許、実用新案、意匠、商標の簡易検索」の中の「特許・実用新案を探す」を選択してください。

●題材①「飲料用のストロー」の先行技術（先願）を調べてみよう

関連の情報、集めましたか。……、まだですか。それでは、「特許情報プラットフォーム」で、先行技術（先願）を調べましょう。

↓「特許・実用新案、意匠、商標の簡易検索」の「特許・実用新案を探す」の「入力ボックス」に検索のキーワードを入力します。

「検索キーワードボックス」	検索方式	
［　　　　］	［AND］	［検索］

「検索キーワードボックス」に発明の技術用語を入力します。

たとえば［飲料用　ストロー］と入力します。

検索方式は「ＡＮＤ」になっています。「ＯＲ」でも検索できます。

「検索」をクリックしてください。↓ヒット件数が「○○件」と表示されます。

関連の情報が見つかりますよ。

□明細書の形式に内容を整理しよう

ここで、飲料用のストローの形状、構造を比べるのです。

従来の課題（問題点）は、工夫したところは、発明の効果は、……、個条書きでいいです。明細書の形式に、内容を整理しましょう。

●題材②「分度器兼用の定規」の先行技術（先願）を調べてみよう

関連の情報、集めましたか。……、まだですか。それでは、「特許情報プラットフォーム」で、先行技術（先願）を調べましょう。

↓「特許・実用新案、意匠、商標の簡易検索」の「特許・実用新案を探す」の「入力ボックス」に検索のキーワードを入力します。


「検索キーワードボックス」

検索方式 ＡＮＤ

検索

「検索キーワードボックス」に発明の技術用語を入力します。

たとえば、分度器　角度　定規と入力します。

検索方式は「AND」になっています。「OR」でも検索できます。

「検索」をクリックしてください。↓ヒット件数が「○○件」と表示されます。

関連の情報が見つかりますよ。

□明細書の形式に内容を整理しよう

ここで、分度器兼用の定規の形状、構造を比べるのです。

従来の課題（問題点）は、工夫したところは、発明の効果を個条書きでいいです。明細書の形式に、内容を整理しましょう。

●題材③「掃除ができるスリッパ」の先行技術（先願）を調べてみよう

関連の情報、集めましたか。……、まだですか。それでは、「特許情報プラットフォーム」で、先行技術（先願）を調べましょう。

↓「特許・実用新案、意匠、商標の簡易検索」の「特許・実用新案を探す」の「入力ボックス」に検索のキーワードを入力します。

「検索キーワードボックス」　検索方式

［　　　　　　　　］　［AND］　［検索］

「検索キーワードボックス」に発明の技術用語を入力します。
たとえば、［スリッパ　掃除］と入力します。
検索方式は「AND」になっています。「OR」でも検索できます。
「検索」をクリックしてください。↓ヒット件数が「○○件」と表示されます。
関連の情報が見つかりますよ。

□明細書の形式に内容を整理しよう

ここで、掃除ができるスリッパの形状、構造を比べるのです。

従来の課題（問題点）は、工夫したところは、発明の効果は、……、個条書きでいいです。明細書の形式に、内容を整理しましょう。

●題材④「丸首用のハンガー」の先行技術（先願）を調べてみよう

関連の情報、集めましたか。……、まだですか。それでは、「特許情報プラットフォーム」で、先行技術（先願）を調べましょう。

↓「特許・実用新案、意匠、商標の簡易検索」の「特許・実用新案を探す」の「入力ボックス」に検索のキーワードを入力します。

「検索キーワードボックス」　検索方式

［　　　　］［AND］［検索］

「検索キーワードボックス」に発明の技術用語を入力します。

たとえば、［丸首　ハンガー］と入力します。

検索方式は「AND」になっています。「OR」でも検索できます。

「検索」をクリックしてください。↓ヒット件数が「○○件」と表示されます。

関連の情報が見つかりますよ。

□明細書の形式に内容を整理しよう

ここで、丸首用のハンガーの形状、構造を比べてみてください。

従来の課題（問題点）は、工夫したところは、発明の効果は、……、個条書きでいいです。明細書の形式に、内容を整理しましょう。

4. 集まった情報が生きる

●食材を切るのが楽しくなる「目盛りを付けたまな板」

発明家の○○さんは、A「まな板の表面」にB「目盛り」を付けた、C「目盛りを付けたまな板」を考えました。

包丁で食材を切るとき、慣れていない人は、同じ大きさに切れません。

そこで、同じ大きさに切れるように、A「まな板の表面」にB「目盛り」を「+（足し算）」したのです。C「目盛りを付けたまな板」です。

ここで、発明に関連した商品のチェックをしましょう。

●「目盛りを付けたまな板」の先行技術（先願）調べてみよう

関連の情報、集めましたか。……、まだですか。それでは、「特許情報プラットフォーム」で、先行技術（先願）を調べましょう。

↓「特許・実用新案、意匠、商標の簡易検索」の「特許・実用新案を探す」の「入力ボックス」に検索のキーワードをワード（Ｗｏｒｄ）で入力します。

「検索キーワードボックス」

［　　　　　　　　］

検索方式　［AND］　　［検索］

「検索キーワードボックス」に発明の技術用語を入力します。

たとえば、［目盛り　まな板］と入力します。

検索方式は「AND」になっています。「OR」でも検索できます。

「検索」をクリックしてください。↓ヒット件数が「○○件」と表示されます。

関連の情報が見つかりますよ。

□明細書の形式に内容を整理しよう

ここで、目盛りを付けたまな板の形状、構造を比べるのです。

従来の課題（問題点）は、工夫したところは、発明の効果は、……、個条書きでいいです。明細書の形式に、内容を整理しましょう。

●類似商品のプラスとマイナス、長所と欠点を表にまとめよう

□情報を調べよう

すでに販売されている商品は、インターネットで調べられます。

Ｙａｈｏｏ、Ｇｏｏｇｌｅなどで検索してください。すると、どんな商品が売れているか、様子がわかります。

また、発明に関連した専門店、量販店などの商品の市場調査をかねて、売り場を探訪するのです。情報は自然に集まりますよ。

□先行技術（先願）を調べよう

関連の情報、集めましたか。……、まだですか。それでは、「特許情報プラットフォーム」で、先行技術（先願）を調べましょう。

次は、類似した商品のプラスとマイナス、長所と欠点を表にまとめましょう。そして、自分の○○の発明と比べるのです。すると、改良すべきところ、ヒントが見つかります。

では、あなたと同じ考え方の発明が見つかりました。……、そのとき、嘆くことはありませんよ。テーマ「題材」の選び方が間違っていなかった。……、という証明になるわけです。だから、ここでくじけてはいけません。悩んでもいけません。プラス発想をすることです。そうすると、製品化にできる改良点が見つかります。

5．発明の浮気（?）、いいけど、情報はしっかり集めよう

●安心してください、発明の浮気は、ＯＫ（！？）

先生、テーマ「題目」を一科目だけにしたいのですが、いろいろな発明が気になってしまいます。

たとえば、数カ月前は、台所用品が気になり、一所懸命に考えていました。

そうか、と思うと、健康器具も、気になっています。

いまは、文具用品・教材の改良に力を入れています。

……、最初は、誰でも手当たりしだいに新しい発明が浮かんできます。

そういう人は、将来、◯◯の発明を必ず製品にできる型の人です。

ところが、２年、３年すると姿を消してしまうケースもあります。それは、また、なぜでしょうか。

中途半端のままで、何でもテーマ「題目」にするからです。

●創造力を高める練習をしよう

浮気発明は、発明のトレーニングとして、創造力を高める練習にはかかせません。

しかし、○○の発明を製品化するために、浮気発明は、少しの期間にしてください。心を込めて、発明のことを考えないからです。中途半端な状態です。だから、一つも製品化にならないのです。その結果、私には才能がない、と思い込んでしまうのです。

そこで、ある一定の水準に達したら、テーマ「題目」は一つにしてください。発明が製品化するためには、半年、1年と続けて深くきわめるテーマ「題目」が必要です。

恋をするときも、最初は、いろんな人が気になると思います。それでいいのです。でも、いつまでも、八方美人ではいけません。これまで、モテたでしょう。もう、満足したでしょう。そろそろ、本命を決めましょう。

それが、○○の発明を製品化できる決め手です。

●題材①効率よく塗れる「四角柱のスティックのり」

たとえば、円を四角にする発想から生まれた、口紅式のスティックのりの発明です。

円形状のスティックのりは、幅を広くしようとすると紙との接触面が広くなります。すると、摩擦が大きくなり、塗りにくいのです。のりを紙に対して斜めに当てると、今度は、スムースに塗れますが、紙との接触面が小さくなり、効率よく塗れません。

そこで、スティックのりの塗り面を長方形にしました。傾けても、垂直に当てたときと同じ塗り幅でできる、と考えたのです。長方形だと、のりしろの幅に応じて縦と横の幅を使い分けができます。

□「四角柱のスティックのり」の先行技術（先願）を調べてみよう

関連の情報、集めましたか。……、まだですか。それでは、「特許情報プラットフォーム」で、先行技術（先願）を調べましょう。

↓「特許・実用新案、意匠、商標の簡易検索」の「特許・実用新案を探す」の「入力ボックス」に検索のキーワードをワード（Ｗｏｒｄ）で入力します。

「検索キーワードボックス」　検索方式

[　　　　]　[ＡＮＤ]　[検索]

「検索キーワードボックス」に発明の技術用語を入力します。

たとえば、[四角柱　スティック　のり] と入力します。

検索方式は「ＡＮＤ」になっています。「ＯＲ」でも検索できます。

「検索」をクリックしてください。↓ヒット件数が「○○件」と表示されます。

関連の情報が見つかりますよ。

□明細書の形式に内容を整理しよう

ここで、四角柱のスティックのりの形状、構造を比べるのです。従来の課題（問題点）は、工夫したところは、発明の効果は、……、個条書きでいいです。明細書の形式に、内容を整理しましょう。

●題材②握力が弱くても大丈夫、手のひらの「指圧具」

もう一つの題材は、握力が弱くなった人のために考えた、手のひらの指圧具です。年を重ねると、つい、健康状態が気になります。

そこで、体力を維持するために各種健康器具を買い求めます。体力の維持をはかります。ところが、握力が弱いと器具をしっかり持てません。

そこで、握力が弱くなっても、大丈夫なように器具にゴムを付けたのです。手のひらにかけられるので、握力が弱くなっても、指を開いたり、閉じたりすることで指圧ができます。

□「指圧具」の先行技術（先願）を調べてみよう

関連の情報、集めましたか。……、まだですか。それでは、「特許情報プラットフォーム」で、先行技術（先願）を調べましょう。

↓「特許・実用新案、意匠、商標の簡易検索」の「特許・実用新案を探す」の「入力ボックス」に検索のキーワードをワード（Ｗｏｒｄ）で入力します。

「検索キーワードボックス」　　検索方式

［　　　　　　　］　［ＡＮＤ］　［検索］

「検索キーワードボックス」に発明の技術用語を入力します。

たとえば、［手　指圧具］と入力します。

検索方式が「ＡＮＤ」になっています。「ＯＲ」でも検索できます。

「検索」をクリックしてください。↓ヒット件数が「○○件」と表示されます。

関連の情報が見つかりますよ。

□明細書の形式に内容を整理しよう

ここで、指圧具の形状、構造を比べるのです。

従来の課題（問題点）は、工夫したところは、発明の効果は、……、個条書きでいいです。明細書の形式に、内容を整理しましょう。

6．未完成の○○の発明を、魅力がある発明にまとめよう

●まとめる途中で、どんなことを体験するのだろう

知的財産権に入門したばかりの人は、まだ、特許（発明）の概要をつかんでいません。だから、すぐ心配をします。

さて、これからどんなことを体験するのでしょう。

準備中なので、○○の発明は未完成の状態です。

それは、目標の第一志望の会社に売り込みをしても、返事がこないことです。

①会社に売り込みをすると、模倣されると思って心配です

②日曜発明学校で、発表すると、公知（こうち）になってしまう

そして、どうしよう、といって悩むのです。

その気持ちは、よくわかりますよ。だけど、大事な点は違います。

③社会的なニーズがあるか、チェックをすることが先です

それでも、費用がかかってもプロに頼んで、特許の出願を急ごうとします。その理由は、1日も早く出願しないと、他の人（第三者）が先に出願してしまう、と考えるからです。

自分で書類を作成すると、出願料は、１万４０００円（特許印紙代）です。電子化手数料は、基本料（１２００円）＋（書類の枚数×７００円）です。

●いま、あなたの発明のレベルは

私が教えたいことは、こういうことです。

突然ですが、質問をさせてください。

小学生、中学生、高校生、お母さん、それぞれが同じ食材を使って「カレー」を作ってくれました。あなたは誰が作った「カレー」を食べたいですか。

多くの人が、お母さんが作った「カレー」を食べたい、と答えるでしょう。

料理は誰でも作れますよね。歌は誰にでも歌えますよね。カラオケのファンもたくさんいます。

料理が好きな人は、大好きな人に美味しい料理を食べてもらいたいです。それで、料理を上手に作りたくてレシピの研究をします。そして、上手くできて、自然に笑顔になります。その中で、プロの料理人になる人はさらに研究を続けます。

プロの歌手になる人もそうです。

では、いま、あなたの発明とお母さんが作った「カレー」のレベルを比べてください。

あなたの発明を応援してくれる人は多いですか。

いま、夢中になっている○○の発明、お母さんの「実力」のレベルになっていれば、製品化されるでしょう。

あらためて、確認をさせてください。

テーマ「題目」は「□好き（得意）、□嫌い（不得意）」ですか。チェックしましょう。

世の中の「□役に立つ、□役に立たない」ですか。チェックしましょう。

ムリをして、お金を使ってはいけません。

豊富な経験、知識、得意なことを生かして、その中の一つだけテーマ「題材」を選んでカッコよく研究してください。すぐに、お母さんの「実力」のレベルになります。

高校、大学の受験の偏差値と同じです。だから、得意な科目を選べば問題はありません。

結果は合格です。

●題材①厚さを薄くした「板状の消しゴム」
【課題（問題点）】

ノートに書いている説明文の一部を消したいとき、直方体の消しゴムを使って細かく並んだ文字を消します。

ところが、直方体の消しゴムは大きいため、必要な文字まで消してしまいます。

【改良した点】

手帳にはさめて、携帯に便利な長方形の薄いガムのように、厚さを薄くした板状の消しゴムを考えました。

小さく（薄く）、小さく（薄く）といって「÷（割り算）」をして生まれたのが、厚さを薄くした板状の消しゴムです。

では、「特許情報プラットフォーム」で、先行技術（先願）を調べて、その情報を整理して、魅力がある発明にまとめる手順を一緒に体験しましょう。

□「板状の消しゴム」の先行技術（先願）を調べよう

関連の情報、集めましたか。……、まだですか。それでは、「特許情報プラットフォーム」で、先行技術（先願）を調べましょう。

↓「特許・実用新案、意匠、商標の簡易検索」の「特許・実用新案を探す」の「入力ボックス」に検索のキーワードをワード（Ｗｏｒｄ）で入力します。

「検索キーワードボックス」　　　　　　　　　検索方式
　　　　　　　　　　　　　　　　　　　　　　AND　　検索
「検索キーワードボックス」に発明の技術用語を入力します。
たとえば、消しゴム　薄　と入力します。
検索方式は「AND」になっています。「OR」でも検索できます。
「検索」をクリックしてください。↓ヒット件数が「○○件」と表示されます。
関連の情報が見つかりますよ。

□明細書の形式に内容を整理しよう

ここで、消しゴムの形状、構造を比べるのです。

従来の課題（問題点）は、工夫したところは、発明の効果は、……、個条書きでいいです。明細書の形式に、内容を整理しましょう。

●情報が少ない状態でムリをしても

①1人で夢中になっても、製品化できません

それは、情報が少ないからです。販売されている商品は、Yahoo（ヤフー）、Googl

e（グーグル）などを使って検索してください。すると、どんな商品が売れているか、様子がわかります。

②商品は、どこに行けば見ることができますか

専門店、量販店など、いろいろな店へ行ってください。

③情報が集まれば、どうにかできます

従来の問題（欠点）は、工夫したところは、発明の効果を個条書きでいいです。明細書の形式に内容を整理してください。

●売れている商品をチェックしよう

そこで、いま、どんな商品が売れているか、お店を探訪してみましょう。

消費者のニーズがわかります。それに合わせるのです。売れる発明を考えることの楽しさを味わうことができます。売れる作品を考えることに生き甲斐を感じます。

①権利を取ることはとても大切なことです

②○○の発明が製品化されて多くの人に喜んでもらえることの方がもっと大切です

完成度が高い発明ができれば、誰でも、なるほど、といって納得してくれます。

お金に余裕があれば、完成度を高めるために使いましょう。

そして、多くの人に使ってもらうのです。プラスとマイナス、長所と欠点を教えてもらいましょう。それを表にまとめるのです。欠点を改良すれば魅力がある発明になります。

ここで、目標の第一志望の会社に売り込んでください。

すると、素晴らしい発明ですね。製品化しましょう。……、といってくれます。

●「課題（問題点）」がわかる

では、ここで、板状の薄い消しゴムについて、考えてみましょうか。

いま使っている直方体の形の消しゴムをカッターで薄く切って、手作りで、試作品を作ってみました。最初は、手作りで試作品を作ることがポイントです。

あなたも一緒にやってみてください。

消しゴムは、薄くて、柔らかいので、コシがなくて、使いにくいことがわかります。

試作品を作り、使ってみて、課題（問題点）がわかります。

●「発明の効果」がわかる

そこで、消しゴムの両面に厚紙を当てて、その先端を少し出して使ってみました。すると、上手く、文字を消すことができました。課題（問題点）を解決したのです。消費者のことを一番に考えるのです。すると、小さな権利でも、自分の思いを素直に礼儀正しく打ち明けると製品化してくれる会社が見つかります。

7．情報を整理して、説明図と説明文であらわそう

●出願書類は、形式にしたがってまとめるだけ

学校を出てから、もうラブレター以外、手紙は書いていません。

それも、スマートフォン、携帯電話、ＰＨＳなどのメールで簡単にすましてしまおう、と考える人がいます。まめに手紙を書いてください。彼女（彼）は、そういうあなたを信頼して、どこまでもついてきてくれますよ。

発明家の中には、私は説明図（図面）を描くことも、説明文（明細書）を書くことも、苦手で

す。……、と自慢する人がいます。

ウーン、それは違います。ラブレターに比べたら、簡単です。

また、新しい発明は、ただ自分の胸の内だけにしまっているだけでは社会的な価値はありません。説明図（図面）と説明文（明細書）にあらわしてください。

「明細書」は、○○○○である。～である調でまとめます。ここの説明でも、～である。調でまとめました。

□誰が見てもわかるようにまとめよう

すると、○○の発明を製品化しましょう。……、といってくれる会社があらわれます。

それは、お医者さんが書く、カルテです。主治医がいなくても、カルテさえ見れば、他のお医者さんが治療できます。だから、カルテの意味があります。

●題材②「ハート形のバケツ」を出願書類にまとめよう

題材は、円筒形のバケツ本体の横断面の形状をハート形にしたハート形のバケツです。

バケツ本体（1）の側部の一部をV字形の凹部（2）にして、V字形の凹部（2）の対面を、V字形の凸部（3）にして、バケツ本体（1）の横断面の形状をハート形にしたハート形のバケツです。

□先行技術（先願）の公報が、書類をまとめるときの一番の参考書になる

技術の世界でも、そうです。世の中の誰が見ても、どこでも、その技術が利用できるように説明図（図面）と説明文（明細書）であらわしています。だから、価値があります。

それでは、ここで、書くのがとにかく、苦手だ、という人のために、書き方の一例を紹介しましょう。

ウソでしょう。……、といわれそうですけど、私は書くのが苦手です。だから、書きはじめるまでにすごく時間がかかります。でも、洒落、大好きです。お酒、大好きです。だから、飲む時間はすぐにつくれます。

あなただって、好きなことなら、そのために、時間をつくるでしょう。

では、次に示す、書き方の五段階をモデルにして書いてみましょう。

そうすると、簡単にまとめられます。発明の説明文（明細書）でも、改善、提案でも、技術の実験レポートなどでも同じです。その書き方のパターンは同じです。

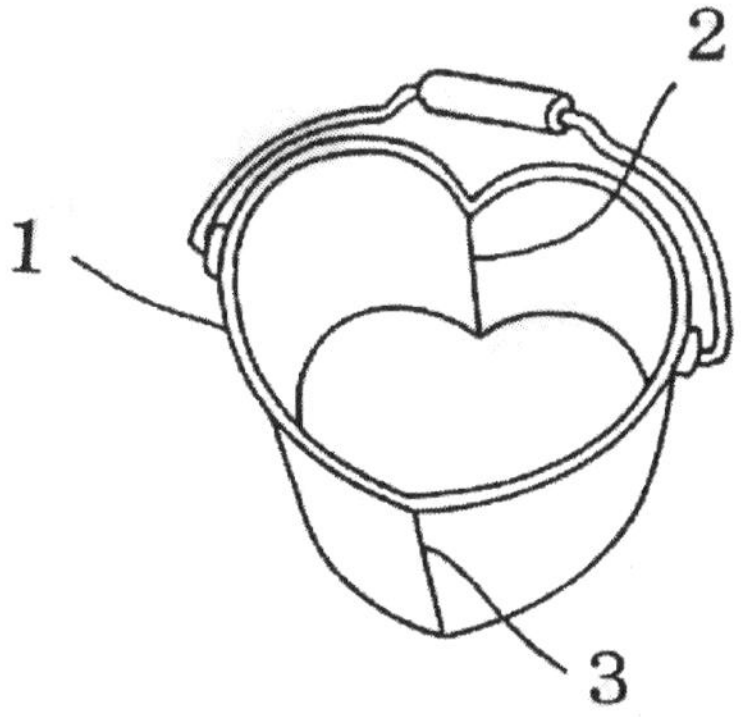

題材は、円筒形のバケツ本体の横断面の形状をハート形にしたハート形のバケツです。

(1)「一つめ」「発明のあらまし(アウトライン)」を書く

○○の発明の「あらまし(アウトライン)」がわかるように書きます。

あらましは、2行、3行程度で結構です。

【技術分野】

本発明は、円筒形のバケツ本体の横断面の形状をハート形にしたハート形のバケツに関するものである。

と書きます。あらましを読むだけで、発明の全体が簡単につかめます。

技術のレポートには必ずあらましが付いています。

とくに、特許庁に出願する書類は発明のあらまし(要約)がポイントです。

(2)「二つめ」いままで、不便だったこと、欠点を書く

従来の背景技術です。このような不便、欠点があった。……、と書きます。

【背景技術】

従来のバケツ本体の形状は円筒形だった。

【発明が解決しようとする課題】

これは、次のような欠点があった。

（イ）バケツ本体の形状が円筒形のため、腰にくっつかないので手で下げにくかった。

（ロ）他の容器に、バケツの中の水などを移しかえるとき、こぼれやすかった。

本発明は、以上のような欠点をなくすためになされたものである。

この従来の背景技術、課題（問題点）を書くことは、絵でいえば、バックのようなものです。

（3）「三つめ」工夫したところを書く

前文を付けて、その欠点、不便を解決するために、このように考えた、と工夫した点を書きます。これが説明文（明細書）の中心になります。

その改良点も、個条書きでまとめると、書きやすく、しかもわかりやすいです。

【課題を解決するための手段】

バケツ本体（1）の側部の一部をV字形の凹部（2）にして、V字形の凹部（2）の対面を、V字形の凸部（3）にして、バケツ本体（1）の横断面の形状をハート形にした。

本発明は、以上のような構成よりなるハート形のバケツである。

（4）「四つめ」発明の効果を書く

このように、形状を改良したから、○○のような効果が生まれた。……、と書きます。

そのとき、データなどの数字を一緒に書くと、説得力があります。

【発明の効果】

（イ）バケツ本体がハート形の形状なので、凹部（2）が腰にピッタリくっついて手で下げて持ちやすくなった。

（ロ）他の容器に、バケツの中の水などを移しかえるとき、V字型の凸部（3）が注ぎ口になり、水の流れの幅が狭くなるので口径の小さな容器へも簡単に移すことができる。

（ハ）全体がハート型なので、見ためも美しく、室内装飾の容器にもなる。

（ニ）この形状は、他の円筒容器にも利用することができる。

（5）「五つめ」応用例、他の用途を書く

その改良案は、このようなところにも応用できる。……、と他の用途をあげてください。

少しくらい説明がわかりにくくても結構です。表現の上手さは気にしないでください。

【実施例】

（イ）全体がハート型なので、見ためも美しく、室内装飾の容器にもなる。

（ロ）この形状は、他の円筒容器にも利用することができる。

というように書きます。

まとめ方が上手になると、素晴らしい発明のヒントがさらに出るようになります。

それが発想力です。まとめることが楽しくなります。

8．「研究ノート（発明ノート）」にメモと落書きをしよう、その情報がヒントになる

●メモと落書きがヒントになる

私は、30数年間で何万件の発明、デザインの売り込み、製品化できるように指導をしました。

いまも、進行形です。だから、というわけではありませんが、その指導には、ある程度の自信を

もっています。

製品化できた人は、ふと思い出した発明は、必ずメモを取っていました。……、と口ぐせのようにいいます。それは、前に書いたメモがヒントになって、新しい発明を完成させているからです。だからこそ、名案を忘れないように、メモをするのです。

それでは、記憶力を試してみましょう。

たとえば、今日の朝食のおかず、何を食べましたか、と質問します。

すると、ウッと、考え込んでしまい、思い出せない人も多いと思います。

□どんなヒット商品でも、きっかけはメモ

文章を書くのが上手くなりたい。……、と思っている町の発明家に、メモを取りましょう。……、と私は口ぐせのようにいっています。

簡単なメモを取るクセを付けることからです。いままでも、ときどき、手帳、家計簿の余白部分に、ちょっとした感想を書いたりしていたでしょう。それでいいのです。

学生の頃を思い出してください。教室でノートの余白に先生の似顔絵を描いて、その下に一言コメントを付けて、それを回覧して、クスクスと笑っていたでしょう。

その一言が立派な文章だったのです。だから、思いついたこと、感動したこと、何でも結構です。

とにかく書いてみることです。それがメモの原則です。手にペンをもって考えることです。手を動かしてください。すると、頭、脳が次第に活発になります。

メモを見ていると、連続的に別のイメージが浮かんできます。それをすかさず書きとめるのです。すると考えがつながっていきます。内容も深まっていきます。予測もしなかった方向に飛躍することもあります。その飛躍を忘れずに書き残すのです。

□「研究ノート（発明ノート）」を作り、内容を整理しよう

○○の発明を思いついたとき、説明図（図面）を描いてください。説明文（明細書）を書いてください。明細書の形式に、内容を整理して、まとめてください。

いつの間にか、まとめ方も上手くなります。

●○○の発明、お金「ロイヤリティ（特許の実施料）」になるヒントは

そうですね。簡単な方法は、思いついたこと、何でも結構です。自分でまとめやすい形式の「研究ノート（発明ノート）」を作り、メモを取る習慣をつけることです。

○○の発明が製品化になった町の発明家は、ヒントの大、小にかかわらず、いつもメモを取っていました。……、といいます。そのメモの数がポイントになっていたのです。

書く項目が気になりますか、自己流で大丈夫です。たとえば、次のように、出願書類の「明細書」の項目に合わせるのも一つの方法です。

これからは、「研究ノート（発明ノート）」をいつもポケット、バッグの中にしまっておきましょう。そして、これは、と思ったこと、他の人（第三者）から聞いた、ちょっといい話、新聞、雑誌などで参考になった記事、テレビ、ラジオで耳にしたこと何でも結構です。メモを取って欲しいのです。

手帳が手元にないときは、箸袋の裏、名刺の余白部分に書くのもいいでしょう。何気ない会話のメモが提案文につながるからです。

その提案が売り込みをしたい第一志望の会社の担当者の心を動かすのです。

会社のときは、上司の心を動かすのです。○○の発明に会社の企画開発の担当者が参加してくれます。

夢、憧れ、希望などをメモすることで、知らず、知らずのうちにお金「ロイヤリティ（特許の実施料）」になる発明力が身についていくのです。

■研究ノート（発明ノート）

年　月　日

①発明の名称

②発明の要約

発明のポイントを簡単に書きます。

③従来技術とその課題（問題点）

従来、どういった課題（問題点）があったか、（イ）、（ロ）、（ハ）、……、を書きます。

④発明の構成（しくみ）

改良したところ、磨きをかけた内容を書きます。

⑤発明の効果

改良して、磨いて生まれた「発明の効果」は、（イ）、（ロ）、（ハ）、……、だ、と書きます。

テストのデータなども書くと説得力があります。

⑥発明を実施するための形態

「発明を実施するための形態」、「使い方」を書きます。

⑦説明図（図面）

本発明の全体がわかる説明図（図面）、使用状態などを示した説明図も描いてください。
★1日も早く、発明界のスターになってくださいね。

■具体例

【書類名】　明細書
【発明の名称】　ハート形のバケツ
【技術分野】

【0001】

本発明は、円筒形のバケツ本体の横断面の形状をハート形にしたハート形のバケツに関するものである。

【背景技術】

【0002】

従来のバケツ本体の形状は円筒形だった（特許文献1参照）。

【先行技術文献】

【特許文献】
【0003】
【特許文献1】　特開○○○○―○○○○○○号公報
【発明の概要】
【発明が解決しようとする課題】
【0004】
これは、次のような欠点があった。
（イ）バケツ本体の形状が円筒形のため、腰にくっつかないので手で下げにくかった。
（ロ）他の容器に、バケツの中の水などを移しかえるときこぼれやすかった。
本発明は、以上のような欠点をなくすために考えたものである。

【課題を解決するための手段】

【0005】

バケツ本体（1）の側部の一部をV字形の凹部（2）にして、V字形の凹部（2）の対面に、V字形の凸部（3）にして、バケツ本体（1）の横断面の形状をハート形にした。

本発明は、以上のような構成よりなるハート形のバケツである。

【発明の効果】
【0006】
（イ）バケツ本体がハート形の形状なので、凹部（2）が腰にピッタリくっついて手で下げて持ちやすくなった。
（ロ）他の容器に、バケツの中の水などを移しかえるとき、V字型の凸部（3）が注ぎ口になり、水の流れの幅が狭くなるので口径の小さな容器へも簡単に移すことができる。
（ハ）全体がハート型なので、見ためも美しく、室内装飾の容器にもなる。
（ニ）この形状は、他の円筒容器にも利用することができる。
【図面の簡単な説明】
【0007】
【図1】本発明の斜視図である。
【図2】円筒形のバケツの斜視図である。
【発明を実施するための形態】
【0008】
以下、本発明の実施をするための形態について説明する。

以下、本発明の実施例について説明する。

バケツ本体（１）の側部の一部をＶ字形の凹部（２）にして、Ｖ字形の凹部（２）の対面を、Ｖ字形の凸部（３）にする。

バケツ本体（１）の横断面の形状をハート形にした。

本発明は、以上のような構成である。

本発明を使用するときは、バケツ本体（１）の側部の一部にＶ字形の凹部（２）を、腰にあてるように下げる。

また、別の容器に、中の水などを移すとき、Ｖ字形の凸部（３）が注ぎ口になり、水の流れの幅が狭くなるので、口径の小さな容器にも簡単に移すことができる。

【符号の説明】

【０００９】

１　バケツ本体

２　Ｖ字形の凹部

３　Ｖ字形の凸部

※用紙の大きさは、Ａ列４番「Ａ４（横21㎝、縦29．７㎝）サイズ」です。

白紙を使います。明細書の余白は、左右、上下に２㎝を取ります。

活字の大きさは、10ポイントから12ポイントです。書き方は、左横書きにします。

１行は、40字で、１ページは、50行以内で書きます。

「明細書」は、である。～調でまとめるため、ここでも、～である。調でまとめました。

【書類名】　図面

【図１】

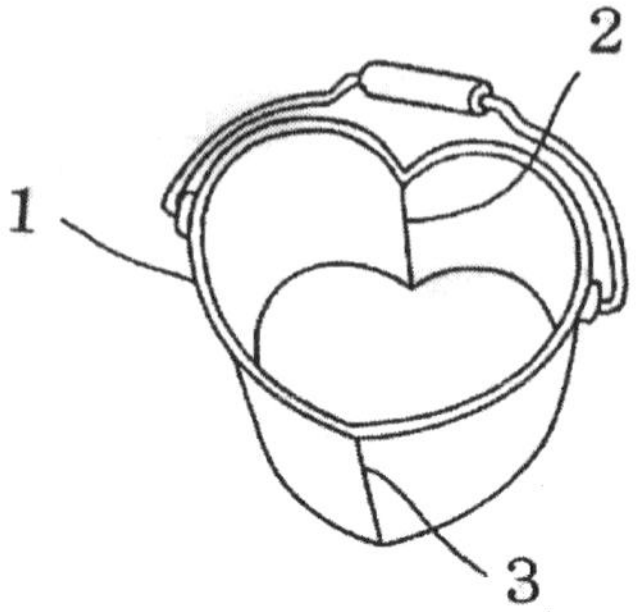

【図２】

１　バケツ本体　２　Ｖ字形の凹部　３　Ｖ字形の凸部

第4章

発明・アイデアこうすれば売れる

1. 確実に「製品化」できる○○の発明

町の発明家の目標は、○○の発明を「製品化」することだと思います。ぜひ、「製品化」を実現して欲しいです。

私が書いた本『発明・特許への招待』を読んで、発明に興味をもった、○○さんは、私を訪ねて、(一社)発明学会(〒162―0055 東京都新宿区余丁町7番1号)に、1回(1件)体験相談にきてくれました。

確認のため、次の質問をしました。

①テーマ「題目」は、豊富な経験、知識、得意なことの中から一つ選びましたか。
②説明図「図面」を描いて、手作りで、試作品は作れますか。
③売り込みをしたい、第一志望の会社は決めていますか。
④いつまでに、○○の発明を製品化したいか、決めていますか。
○○さんは、少し考えていました。ところが、質問に、こたえられませんでした。
○○さん、思いついただけでは、○○の発明の製品化は望めませんよ。
ここで、やって欲しいことがあります。簡単なことです。だから、ご安心ください。

●「目標」を決めて、スタートしよう

テーマ「題目」は、○○です。第一志望の○○会社に売り込みをします。

……、といった「目標」です。

「目標」がはっきりしている人は、それに適した計画をたてます。そして、ゴールに向かって行動します。だから、うれしい「○○の発明＝製品化」の結果を出せます。

■私の目標

《私の目標》

　　年　月　日

①発明の名称
②私の目標（今月・今年）
③発明のテーマ「題目」
④売り込みをしたい第一志望の会社
⑤契約金
⑥ロイヤリティ（特許の実施料）

※以上のようなことを、色紙に書いていつも見えるところに貼っておくと効果があります。場所ですか。……、トイレが一番です。

□入学試験を思い出してみよう

たとえば、高校入試、大学入試のときは、テストに合格するために、資料を取り寄せて、過去の問題を確認して、傾向と対策を練ったでしょう。

また、自分のレベルを考えて、確実に実現できる「目標」を決めたでしょう。

実力以上のところをねらっても大変です。合格できるか心配です。余裕をもって学習すると、希望の結果に結びつきます。

2. こうすれば「目標」は実現する

●○○の発明の市場調査をしよう

情報が少ないまま、自分の○○の発明は素晴らしい、と思っていても、すでに、どこかで製品化されているかもしれません。

すでに販売されていないか、Ｙａｈｏｏ（ヤフー）、Ｇｏｏｇｌｅ（グーグル）などで検索してください。様子がわかります。また、専門店、量販店など、いろいろな店に行ってください。その分野の商品を把握することができます。

①○○の発明を消費者が求めているか、市場調査をする

②「特許情報プラットフォーム」で、先行技術（先願）を調べる

③市場性があるか、調べる

●楽しみながら、手作りで試作品を作ろう

○○の発明を思いついただけでは、会社の担当者は、あなたの○○の発明を「製品化」したい、といってくれません。だから、ここで、やって欲しいことがあります。

説明図（図面）を描いてください。手作りで、試作品を作ってください。テストをして、発明の効果を確認してください。

手作りで、試作品を作り、テストをすると、課題（問題点）、工夫すべきところもハッキリします。セールスポイントも明確になります。

●同じ分野で新製品をたくさん出している会社を見つけよう

○○の発明が優れていても、売り込み先を間違えば、デビューの機会をのがします。だから、日頃、新聞、業界紙などにも目をとおしておくことです。展示会などで、新製品をチェックしてください。関連の情報を集めることは、発明家の大事な仕事です。

そのとき、同じ分野で新製品を多く出している会社をチェックしておきましょう。

①売り込みをしたい第一志望の会社を決めること
②会社の事業内容を調べること
③会社に気に入ってもらえるように、傾向と対策を練ること

●第一志望の会社に売り込みをする

○○の発明、製品化できるか、気になるでしょう。では、ここで、第一志望の会社に、手紙を書いて売り込みの練習をしてください。

郵送するときは、封筒の表に「社外アイデア提案用紙」在中と書いてください。

あて名は、手書きで書くのがいいでしょう。そのとき、丁寧（ていねい）な文字で、楷書（かいしょ）で書いてください。返事がくるまで、10日~30日くらいです。中には、2カ月後、3カ

月後のこともあります。……、これで、会社の様子もわかります。

□どうしても、直接、手作りの試作品を持参して、説明をしたい

会社の担当者に面談を希望したいときは、説明書（明細書）、説明図（図面）、試作品の写真を先に郵送してください。そうすれば、先に発明の内容が把握できます。当日は、短時間で、○○の発明の特徴などを簡潔に述べるようにしましょう。

たとえば、カラオケ（１曲・３分くらい）、本人は上手い、と思って歌っています。どうでしょう。他の人（第三者）は、聞いていますか。

……、最後、形式的に拍手はしてくれますよ。だけど、耳、傾けていません。

□売り込みをして、会社の要望に応えよう

○○の発明を第一志望の会社に売り込みました。……、いい感触が得られました。

それから、会社は、○○の発明を製品化に向けて、スタートをします。

社内では、どういったことを確認するのでしょう。

○○の発明の製品化の価値、価格、販売戦略、流通ルート、製造技術、コスト、パッケージ、製品のデザインなど、あらゆる観点から製品化するために検討をします。

○○の発明を製品化にする方向へと進展したときは、さらに、デザイナーが物品の形状（デザ

イン）を考えます。

□自分を基準にして、発明を考えてはいけない

未完成の○○の発明を完成させて、1日も早く、出願することはとても大切です。でも、現実は、どうでしょう。会社は、売れないと困ります。だから、改めて、説明図（図面）を描いて、試作品を作ります。テストをして、発明の効果を確認します。問題があると、何度も改良を加えます。ここで、内容が変わるのです。

出願を急ぐと、会社の要望に応えられませんよ。出願をした書類は、補正の制限があって、内容の変更ができないからです。

だから、発明者は、会社の担当者を信頼して売り込んで欲しいのです。会社は、発明者を信頼して欲しいのです。お願いします。

3．他の人（第三者）にヒントにされる発明をめざそう

●卵焼きが簡単に作れる「卵焼きのフライパン」
発明家のＮさんは、誰でも簡単に卵焼きが作れるように、卵焼きのフライパンを考えました。この時点で、本人は、素晴らしい発明だ、と思っています。それで、夢中になっています。だから、売り込みをすれば、製品化になると思っています。

□「卵焼きのフライパン」の先行技術（先願）を調べよう
関連の情報、集めましたか。……、まだですか。それでは、「特許情報プラットフォーム」で、先行技術（先願）を調べましょう。

□売り込みたい第一志望の会社、決めているか
売り込みたい会社、決めていますか。……、まだですか。それでは、先行技術（先願）を調べながら、会社で出願しているところをチェックしましょう。発明に興味をもっている会社です。新しい製品を開発するために、熱心に取り組んでいる会社です。

そこの会社のホームページを見てください。業務の内容が紹介されています。……、売り込みをしたい会社が見つかります。目標の第一志望の会社にすればいいのです。さらに、会社に、気

に入ってもらえるように、傾向と対策を練りましょう。

↓「特許・実用新案、意匠、商標の簡易検索」の「特許・実用新案を探す」の「入力ボックス」に検索のキーワードをワード（Ｗｏｒｄ）で入力します。

「検索キーワードボックス」　　検索方式

［　　　　　　　］　　［ＡＮＤ］　［検索］

「検索キーワードボックス」に発明の技術用語を入力します。

たとえば、［卵　フライパン］と入力します。

検索方式は「ＡＮＤ」になっています。「ＯＲ」でも検索することができます。

「検索」をクリックしてください。↓ヒット件数が「○○件」と表示されます。

右側の「一覧表示」をクリックしてください。↓「文献番号、発明の名称、出願人」などが表示されます。↓「文献番号」をクリックしてください。

発明の「書誌＋要約＋請求の範囲」が表示されます。

もっと詳しい内容も確認できます。「画面の上の左側」を見てください。出願書類の全項目「……、詳細な説明、利用分野、従来の技術、発明の効果、……」が表示されています。

たとえば、「詳細な説明」をクリックしてください。詳しい内容が表示されます。

関連の情報が見つかりますよ。

□明細書の形式に内容を整理しよう

ここで、卵焼きのフライパンの形状、構造を比べるのです。

従来の課題（問題点）は、工夫したところは、発明の効果は、……、個条書きでいいです。明細書の形式に、内容を整理しましょう。

□○○の発明は新しい？

いままで、デパートにも、量販店にも売っていないし、関連の本にも書いていなかったから、○○の発明は新しい、と思っていました。……、そうですか。

専門店、量販店などにあるのは、全国に流通する商品の中のごく一部です。そこにないもので、過去に市場に出ていない発明はたくさんあります。そういったものを探して、自分の発明の土台にすることです。

●出願は、簡単にできる

自分で考えた発明は最高、と思うのは誰でも同じです。

ところが、本人は、違うことを考えています。

卵焼きのフライパンの形「物品の形状」をそのまま使われたら大変だ、と思っています。1日も早く出願して、権利を取ることを考えています。

●製品化になるパスポートは、誰も発行してくれない

あなたが一番欲しいのは、「製品化になるパスポート」でしょう。

ところが、お金を使っても、「製品化になるパスポート」、誰も発行してくれませんよ。

だから、少し冷静になりましょう。

そんなことをいわれても、特許、意匠は急いで出願をして、権利を取らないと、他の人（第三者）に模倣されても何もいえないでしょう。

ウーン、その気持ちもよくわかりますが、……。理想と現実は違います。

①同じような商品が販売されていないか、インターネットで調べましたか

②「特許情報プラットフォーム」で、先行技術（先願）がないか、調べましたか

③説明図（図面）、描きましたか

④説明文（明細書）、まとめましたか

⑤手作りで、試作品、作りましたか

⑥テストをして、使いやすくなったか、発明の効果を確認しましたか

●他の人（第三者）にヒントにされる発明か

○○の発明、思いついただけなのに、自分だけの判断で、最高だ、と思っていませんか。

経験の浅い人ほど、自分の発明に惚れ込む度合いが強いです。それは、発明講座に入学したばかりの人に共通していえます。

売り込みの体験をすると、それがよく理解できます。

たとえば、心を込めて、目標の第一志望の会社に手紙を書きました。その日から、1カ月になります。ところが、返事はきませんでした。

●創作した事実を残しておこう

急いで出願をすることを考えるより、ここでは、とりあえず、「○○の発明は、○○年○月○日に考えました。」といえるように創作した事実を残しておくことです。

そうすれば、○○の発明は熟成します。だから、将来、製品化される発明ができます。他の人（第三者）があなたの○○の発明をヒントにします。

それくらいになるまで、発明をみがいてください。それを、「目標」の会社に売り込んでください。担当者は、素晴らしい発明ですね。……、といってくれます。

4. 売れている商品のポイントを把握して、消費者に喜んでもらえる発明にまとめる

(1) 皮むきが簡単にできる「皮むき器(ピーラー)」

発明家のHさんは、いままでの皮むき器(ピーラー)に改良を加え、一つで、うすむき、厚むき、渋皮取り、芽取り、ができる皮むき器(ピーラー)を考えました。

これから、皮むき器(ピーラー)をお金「ロイヤリティ(特許の実施料)」にするためにどんなことをすればいいのか。ここで一緒に考えてみましょう。

①どんな商品が販売されているか、調べよう

すでに、販売されている商品、インターネットで調べることができます。

②売り場を探訪しよう

専門店、量販店など、いろいろな店へ行ってください。

市場調査ができます。自分の発明と同じようなものを作っている会社を調べることができます。皮むき器（ピーラー）に関連した情報が集まります。市場もわかります。

日頃から、業界紙などにも目を通しておくと、同じ分野で新製品を多く出している会社の情報も集まります。同じ分野で、すでに市販されている商品の長所、欠点について確認することもできます。

③先行技術（先願）を調べよう
関連の情報、集めましたか。……、まだですか。それでは、「特許情報プラットフォーム」で、先行技術（先願）を調べましょう。

④売り込みたい第一志望の会社、決めているか
売り込みたい会社、決めていますか。……、まだですか。それでは、先行技術（先願）を調べながら、会社で出願しているところをチェックしましょう。発明に興味をもっている会社です。新しい製品を開発するために、熱心に取り組んでいる会社です。

そこの会社のホームページを見てください。業務の内容が紹介されています。……、売り込みをしたい会社が見つかります。目標の第一志望の会社にすればいいのです。さらに、会社に、気

に入ってもらえるように、傾向と対策を練りましょう。

説明図（図面）を描いて、試作品を作る時間を費やす前に、その分野の情報を把握することです。情報が生かせるのです。

恋愛だって、相思相愛になるためには、相手のことをよく理解することからです。

(2)「皮むき器」の先行技術（先願）を調べよう

関連の情報、集めましたか。……、まだですか。それでは、「特許情報プラットフォーム」で、先行技術（先願）を調べましょう。

↓「特許・実用新案、意匠、商標の簡易検索」の「特許・実用新案を探す」の「入力ボックス」に検索のキーワードをワード（Ｗｏｒｄ）で入力します。

「検索キーワードボックス」　検索方式

［　　　　　　］　［ＡＮＤ］　［検索］

「検索キーワードボックス」に発明の技術用語を入力します。

たとえば［皮むき　野菜　果物］または［皮むき器］などと入力します。

検索方式は「ＡＮＤ」になっています。「ＯＲ」でも検索できます。

「検索」をクリックしてください。↓ヒット件数が「○○件」と表示されます。
関連の情報が見つかりますよ。

□明細書の形式に内容を整理しよう

ここで、皮むき器の形状、構造を比べるのです。

従来の課題（問題点）は、工夫したところは、発明の効果は、……、個条書きでいいです。明細書の形式に、内容を整理しましょう。

5．心を込めて作った試作品なら、あなたの思いも伝わる

●題材①「ズレないシーツ」

○○さんは、「ズレないシーツ」を考えました。
では、説明図（図面）を描いてください。手作りで、試作品、心を込めて作ってください。使いやすいか、試してください。
○○さんは、考え込んでいます。……、ここで、説明図（図面）を描いて、試作品を作れない

理由を上手く説明してはいけませんよ。〝マイナス思考〟はいけません。

彼女（彼）は、毎日、イキイキしている、あなたが大好きです。
①説明図（図面）を描いて、手作りで、試作品を作ることの大切さを知っておこうでは、ここで、具体的な事例（ズレないシーツ）で、手作りで、試作品を作ることの大切さを説明します。
夜寝るときに布団のシーツがズレます。それで、ズレないようにするためにシーツとふとんの両方にマジックテープ（登録商標）を付けて固定できるようにしました。

これで、上手くいくだろうと、思っていました。
○○の発明は素晴らしい、と○○さんは思ったのです。
それで、説明図（図面）を描きました。手作りで、試作品を作りました。それを使ってみました。発明の効果を確認しました。

これで、上手くいくだろうと、思っていました。

シーツを洗濯してみたら、糸くずがマジックテープにくっ付いてしまいました。

マジックテープは便利だ、と思っていましたが違いました。

マジックテープが悪いわけではありませんよ。使い方（用途）が問題だったのです。

②「ズレないシーツ」の先行技術（先願）を調べよう
関連の情報、集めましたか。……、まだですか。それでは、「特許情報プラットフォーム」で、先行技術（先願）を調べましょう。

↓「特許・実用新案、意匠、商標の簡易検索」の「特許・実用新案を探す」の「入力ボックス」に検索のキーワードをワード（Ｗｏｒｄ）で入力します。

「検索キーワードボックス」　　検索方式
［　　　　　　　］　［ＡＮＤ］　［検索］

「検索キーワードボックス」に発明の技術用語を入力します。

たとえば［ズレ　シーツ］と入力します。

検索方式は「ＡＮＤ」になっています。「ＯＲ」でも検索できます。

「検索」をクリックしてください。↓ヒット件数が「○○件」と表示されます。

関連の情報が見つかりますよ。

③明細書の形式に内容を整理しよう
ここで、ズレないシーツの形状、構造を比べるのです。

従来の課題（問題点）は、工夫したところは、発明の効果は、……、個条書きでいいです。明細書の形式に、内容を整理しましょう。

●題材②キュウリ、ハムがくっ付かない「穴の開いた包丁」

包丁の側面に小さな穴を開けて、カットしたキュウリ、ハムがくっ付かないように、穴の開いた包丁を考えました。いままでの包丁をもっと使いやすようにしたのです。

その後、手間隙をかけて、○○の発明を育てます。

たとえば、考えたものは子どもを育てるようなものです、といわれるくらい、○○の発明に愛情と発想力を注ぎます。

①説明図（図面）を描いてください

②説明文（明細書）にまとめてください

③手作りで、試作品を作ってください

④試作するための材料がどこに売っているのか、調べてください

ここで、未完成の部分が残っていないか、確認をして欲しいのです。

そして、もっと、多くの人に、素晴らしい発明ですね、といってもらえるように改良するのです。そうすれば、発明のポイントも明確になります。改良すべきところがハッキリ見えてきます。

それでも、中には、積極的に、試作品作りにチャレンジしない人もいます。頭の中だけで、これはいい、素晴らしい、と判断しているのです。

目の前で、心を込めて作った、試作品を見せられると、なるほど、これは本当にすごい、と納得できます。

また、すぐに、発明の素晴らしいところがわかります。解決されていない課題（問題点）が確認できます。

それから、本当の試行錯誤がはじまります。それを乗りこえてください。すると、完成度の高い、○○の発明が誕生します。

会社は売れる発明を待っています。だって、製品化しても売れないと困るからです。また、会社は、いつも、利益を追求します。だから、完成度の高い発明を求めます。

《チェック》

□いままでよりも使いやすくなりましたか

□新しい、発明の効果がありましたか

□あると便利ですか

□他の人（第三者）にも勧めたいですか
　以上のようなことを確認してください。
※試作品を作る工具がないときは、ムリをしなくても大丈夫

たとえば、大好きな彼に、私は料理が大好きです。……、といいたいでしょう。そして、自分で作った料理を食べてもらいたくて、弁当を作るでしょう。それは、言葉で説明するより何倍も説得力があるからです。気持ちも伝わります。それと同じだ、と思います。

自分では上手く、課題（問題点）を解決できたつもりでも、試作品を使ってみると、そうでもないことがあります。いろいろな課題（問題点）が浮かびあがってきます。

説明図（図面）を描いて、手作りで、試作品を作りましょう。……、といいましたが、多くの人が包丁を加工できる工具は、持っていないでしょう。

工具がないときは、ムリをしないでください。説明図（図面）だけで大丈夫です。

○○の発明を気に入ってくれたら、会社の方で、説明図（図面）を描いて、試作品を作り、テストをして、発明の効果を確認してくれます。

□「穴の開いた包丁」の先行技術（先願）を調べよう

関連の情報、集めましたか。……、まだですか。それでは、「特許情報プラットフォーム」で、先行技術（先願）を調べましょう。

↓「特許・実用新案、意匠、商標の簡易検索」の「特許・実用新案を探す」の「入力ボックス」に検索のキーワードをワード（Ｗｏｒｄ）で入力します。

「検索キーワードボックス」　検索方式

［　］　ＡＮＤ　検索

「検索キーワードボックス」に発明の技術用語を入力します。

たとえば　包丁　穴　と入力します。

検索方式は「ＡＮＤ」になっています。「ＯＲ」でも検索できます。

「検索」をクリックしてください。↓ヒット件数が「○○件」と表示されます。

関連の情報が見つかりますよ。

□明細書の形式に内容を整理しよう

ここで、穴の開いた包丁の形状、構造を比べるのです。

従来の課題（問題点）は、工夫したところは、発明の効果は、……、個条書きでいいです。明細書の形式に、内容を整理しましょう。

6．○○の発明のレベルが確認できる「アイデアコンクール」

（1）町の発明家の登竜門「自分の発明のレベルが確認できる」

一般社団法人 発明学会（会員組織）では、社外の発明を求めている会社が協賛しているアイデアコンクール、ミニコンクールを随時、開催しています。

社外の発明を求めている会社が協賛している、アイデアコンクール、ミニコンクールに応募しましょう。○○の発明のレベルが確認できます。

アイデアコンクール、ミニコンクールは、発明をお金「ロイヤリティ（特許の実施料）」に結びつける、町の発明家の登竜門です。

発明講座に入学したばかりの人は、ぜひ、アイデアコンクール、ミニコンクールに応募してください。○○の発明を製品化できるチャンスです。応募することで、自分の発明のレベルが確認できます。

（2）スポーツと同じ、試合に参加することが一番

発明力を試すときには、アイデアコンクール、ミニコンクールに参加することが一番です。評

価がいいと、○○の発明を製品化してくれます。

契約の条件ですか。……、契約金が、10万円～１００万円くらいです。ロイヤリティが、２％～５％くらいです。

メリットの一つは、特許などの出願をしなくても応募ができることです。

また、製品化されていない発明なら、他のアイデアコンクールに応募したものでも大丈夫です。審査をするのは、社外の発明を求めている会社の社長さん、企画、開発担当者です。会社は、製品化できる発明を熱心に探しています。

みなさんの発明を製品化するためです。

いままでのように、一人で苦労して何社にも、手紙を書いて、売り込みをしなくてもいいのです。応募するだけで、会社の社長さんが審査をします。

書類は公開しません。入賞したら、発明をまとめるためにアドバイスをしてくれます。

それから出願をしても遅くないので何万円もの節約ができます。私も一つでも多くの発明がお金「ロイヤリティ（特許の実施料）」に結びつくように応援します。
※アイデアコンクール、ミニコンクールの問い合わせ先
アイデアコンクール、ミニコンクールについて、詳しい資料が必要なときは、お手数をかけま

すが、本書を読んだと書名を書いて、〒162―0055　東京都新宿区余丁町7番1号　一般社団法人発明学会「アイデアコンクール、ミニコンクール」係　中本繁実あて、返信用（郵便番号・住所・氏名を書いた）の封書、または、あて名を印刷した返信用のシールと、送料手数料として、82円切手×6枚を同封し、請求してください。発明学会の案内書「発明ライフ・入門（500円）」を贈呈いたします。

7. 日曜発明学校で生きた発明を学ぼう

(1) 発明の実務教室、悩みも一気に解決する

これから発明をしようとする人も、何か発明ができた人も、一度は、日曜発明学校に参加してみてください。じかに発明、というものに触れることができます。町の発明家にとっては、またとない発明の実務教室です。発明道場です。生きた発明が体験できます。

毎月、一回、日曜日（または、土曜日など）に町の発明家が集まって、日曜発明学校（研究会）が、現在、全国50数カ所で開校されています。

東京都が後援している東京日曜発明学校（校長　中本繁実）は、毎月、第3日曜日（13時〜16時45分）に開校しています（〒162−0055　東京都新宿区余丁町7番1号）。参加費（当日会費）は、一回、1000円（一般2000円）くらいです。誰でも参加できます。個人相談「一回・一件・体験相談（予約が必要）」もできます。

日曜発明学校に一度でも顔を出すと発明のレベルがみちがえるほど高くなります。メンバーも大歓迎してくれます。

たとえば、私は、いま、眼鏡を上着のポケットに入れたとき、落ちないように、クリップ付き眼鏡を考えています。説明図（図面）を描いて、手作りの試作品が完成したら、日曜発明学校で売り込み（プレゼン）の体験をすればいいですか。

ぜひ、発表してください。会社の社長、企画、開発担当者の講演も聞けます。講演会を企画して、あなたの素晴らしい発明のスポンサーになってもらえるようにしています。

みなさんが一番知りたい、○○の発明、市場性があるか、製品化する方向性などが確認できます。知的財産権の取り方、活かし方の学習もできます。

日曜発明学校は、一口でいうと、幼稚園のように、初歩の町の発明家が、楽しく、特許「技術（機能）的な発明」、意匠「物品の形状（デザイン）」などの知的財産権の取り方、活かし方の学習ができる学校（教室）です。

（2）発明の情報交換ができる

日曜発明学校が始まったのは、昭和28年の頃です。歴史がありますよ。

場所は、東京の品川です。ソニーの本社の隣に愛知産業という小さな会社がありました。

そこの2階の畳の間に町の発明家が数人集まって、センベイをかじりながら発明の情報交換をしていました。それが、いつの間にか、毎月、第一土曜日に集まって、日曜発明学校を開催するようになったのです。当時、当日の会費は、30円だったそうです。

口コミで町の発明家の間に知れわたり、半年もすると30人ぐらい集まるようになったそうです。今度は新聞、週刊誌が記事で紹介してくれました。テレビ、ラジオ局の人が取材にやってきました。またたく間に100人近くが集まるようになったのです。

集まる人の中には、サラリーマンが多くなりました。

その後、土曜日は困ります。会社の休みの日に開催してください。……、という要望が多くなりました。それで日曜日に開催するようになりました。

そのうち、地方の人が東京に日曜発明学校があると聞いて、わざわざ見学にくるようになりました。その様子を見て、世話好きな有志が集まって、各地に日曜発明学校を開校してくれたのです。まず、大阪ができました。次に名古屋ができました。それから、次々と全国に広がっていったのです。いまでは全国50数カ所で開校しています。

（３）「東京日曜発明学校」会場のご案内

東京日曜発明学校（東京都後援）の最寄り駅は「都営大江戸線（地下鉄）・若松河田駅」です。JRなどの「新宿駅」で、乗り換えるときは、必ず「都営大江戸線（地下鉄）・新宿西口駅」をご利用ください。

「新宿西口駅」から、２つめの駅（「新宿西口駅」↓「東新宿」↓「若松河田駅」）です。

「若松河田駅」の改札口を出た真正面に案内用の地図があります。その地図に「一般社団法人発明学会」の場所が表示されています。

「河田口（地上出口）」を出て「職安通り」を左側方向へ歩いてください。

①最初の目標は「河田口」を出て、左側に見える「交番」です。

②その次の目標は、そのまま歩道を２００ｍくらい歩いてください。
最初の「信号」です。左側に「毎日新聞の販売所」があります。

道路をはさんで、右側には「余丁町（よちょうまち）小学校」が見えます。
③「毎日新聞の販売所」の角を「左折」してください。一方通行の細い道です。
④10mくらい歩いてください。そこを「右折」してください。ここも細い道です。
⑤そこから、200mくらい歩いてください。
右側の5階建ての黒っぽいビルが「一般社団法人 発明学会（会員組織）」です。

教室は3Fホールになります。「若松河田駅」から徒歩約5分です。

詳しくは、東京日曜発明学校のパンフレットをごらんください。

パンフレットが必要なときは、お手数をかけますが、本書を読んだ、と書名を書いて、〒162―0055 東京都新宿区余丁町7番1号 一般社団法人発明学会「東京日曜発明学校」係 中本繁実あて、返信用（住所・氏名を書いた）の封書、または、あて名を印刷した返信用のシールと、送料手数料として、82円切手×6枚を同封し、請求してください。発明学会の案内書「発明ライフ・入門（500円）」を贈呈いたします。一言、本の感想を書いていただけるとうれしいです。

8. ○○の製品化は簡単にできる

●会社は、社内、社外に、素晴らしい発明がないか探している

たとえば、いつも、洗濯機の糸くず取り具、オセロ（オセロゲーム）、ゴキブリホイホイなども、社外の発明を採用したものです。それが、ヒット商品になりました。

発明の売り込みの手紙の書き方も、プレゼンの仕方も発明です。

第一志望の会社の担当者が手紙を開封したとき、○○の発明の印象が残るように、心を込めて書いて欲しいのです。すると、うれしい返事が届きます。

それでは、出願料などの費用をムダにしないように一緒に考えましょう。

●題材　問題（文字、数字の組み合せ）と答えを印刷したトイレットペーパー

先生、私は、トイレットペーパーに、問題（文字、数字の組み合せ）と答えを印刷したトイレットペーパーを考えました。説明図（図面）と説明書（明細書）です。

子どもが喜びそうな発明です。トイレの時間が楽しくなりそうですね。

この発明は、たとえば、「学習　トイレットペーパー」が、検索のキーワードになります。

□題材「トイレットペーパー」の先行技術（先願）を調べよう

関連の情報、集めましたか。……、まだですか。それでは、「特許情報プラットフォーム」で、先行技術（先願）を調べましょう。

↓「特許・実用新案、意匠、商標の簡易検索」の「特許・実用新案を探す」の「入力ボックス」に検索のキーワードをワード（Ｗｏｒｄ）で入力します。

「検索キーワードボックス」	検索方式	
［　　　　　］	［ＡＮＤ］	［検索］

「検索キーワードボックス」に発明の技術用語を入力します。

たとえば、［学習　トイレットペーパー］と入力します。

検索方式は「ＡＮＤ」になっています。「ＯＲ」でも検索できます。

「検索」をクリックしてください。↓ヒット件数が「○○件」と表示されます。

関連の情報が見つかりますよ。

□明細書の形式に内容を整理しよう

ここで、トイレットペーパーの構造を比べるのです。

従来の課題（問題点）は、工夫したところは、発明の効果は、……、個条書きでいいです。明細書の形式に、内容を整理しましょう。

●どうすれば○○の発明を製品化できるか

では、どうすれば、発明を製品化できますか。……、教えてください。

次のような方法で製品化できます。

(1) 会社と「ロイヤリティ(特許の実施料)」の契約をする方法

契約金……30万円～100万円くらい。

ロイヤリティ(特許の実施料)……2%～5%くらい。

●実施権

特許権者が自分で十分な実施ができないときは、他の人(第三者)に特許権を譲渡するか、または、第三者に特許発明を実施させて、発明が社会のために有効に活用されるようにした制度を実施権といいます。専用実施権と通常実施権があります。

□専用実施権

特許権者は、その特許権について専用実施権を設定することができます。

専用実施権は、実施しようとする者に特許発明の実施を独占させるもので、契約書でかわした実施の範囲内は、特許権者であっても、製造、販売などはできません。

□通常実施権

特許権者は、その特許権について通常実施権を設定することができます。

また、通常実施権は、その法律の規定により、または、設定行為で定めた範囲内において、業として、その特許発明の実施をする権利があります。

通常実施権は、専用実施権のように、その実施者に実施を独占させるというものではなく、単に実施させてもらうというものにすぎないのが通常実施権です。

したがって、特許権者は、通常実施権を許諾しても、その特許発明を実施することができます。

また、他の人（第三者）に重複して、通常実施権を設定することもできます。

（2）会社に特許の権利を売ってしまう方法

一時金を、１００万円とか、２００万円をもらって、名義を変更して権利を譲り渡してしまう方法です。特許の権利を売ってしまうのです。

だから、その後、製品がたくさん売れても、お金「ロイヤリティ（特許の実施料）」はもらえません。

（３）資本家と共同で、〇〇の発明を製品化する方法

知的財産権を中心にして、資金を出してもらい、新しい会社をつくり、資本家と共同で、製品化する方法です。

最初、上手くいきそうだ、と思ってムリをします。ところが、発明に対する考え方が一致しなくなり、トラブルになるケースが多いようです。

（４）自分でお金を出して、〇〇の発明を製品化する方法

製品化する方法で、１番早くて簡単なのは、自分でお金を出して、製品化することです。

お金を出せば、製造業者が喜んで製品を作ってくれるからです。だから、すぐに、製品化できます。

だけど、製品化しても、消費者が買ってくれるかが問題です。「製品」と「商品」の意味が違います。

だから、この方法がいい、というわけではありませんよ。

どうしていけないのですか、そのワケは、多額の資本金がいることです。

①製造方法、わかりますか
②販売ルート、ありますか
③○○の発明には自信がありますか。10段階で10の評価です（！？）
ウーン、私は、心配になってきました。準備をしなければ、上手くいきませんよ。わかっていますよね。その結果、何年もの間、倹約して貯めたお金を使い果たしてしまうのです。家族を泣かせるケースもあります。

私が1番おすすめしたいのは、（1）です。会社と「ロイヤリティ（特許の実施料）」の契約をする方法です。

だから、売り込みたい会社の事業内容を調べて、会社に気に入ってもらえるように、傾向と対策を練るのです。

そして、第一志望の会社に、積極的に売り込みをして欲しいのです。

９．あなたの○○の発明も、契約できる

（１）成功事例①　棒状の乾麺を挟むことのできるクリップ

ロイヤリティ（特許の実施料）３％

この発明は、袋の中からスパゲッティなどの乾麺を一人前、計量して取ることができるクリップです。さらに、袋を麺の横長方向に開封します。その広く開いた開封口を簡単に蓋ができる保存用のクリップです。

軽量と開封口を簡単に蓋ができる保存用のクリップを考えました。

このクリップについて、

①特許、意匠の知的財産権の権利が取れますか

②出願の書類は、何を見ればまとめられますか

③手紙で売り込みをするときは、○○の発明、特許出願中（ＰＡＴ．Ｐ）です。……、と書けばいいですか

④２社、３社から買いたい。……、といってきたらどうすればいいですか

これらの疑問（？）を解くテクニックを知っておくと、近い将来、クリップをお金「ロイヤリ

ティ（特許の実施料）」にできます。

●乾麺を計量できるクリップの先行技術（先願）を調べよう

関連の情報、集めましたか。……、まだですか。それでは、「特許情報プラットフォーム」で、先行技術（先願）を調べましょう。

↓「特許・実用新案、意匠、商標の簡易検索」の「特許・実用新案を探す」の「入力ボックス」に検索のキーワードをワード（Ｗｏｒｄ）で入力します。

「検索キーワードボックス」　　検索方式

［　　　　　］　［ＡＮＤ］　［検索］

「検索キーワードボックス」に発明の技術用語を入力します。

たとえば、［乾麺　計量］と入力します。

検索方式は「ＡＮＤ」になっています。「ＯＲ」でも検索できます。

「検索」をクリックしてください。↓ヒット件数が「○○件」と表示されます。

関連の情報が見つかりますよ。

□明細書の形式に内容を整理しよう

ここで、乾麺を計量できるクリップの形状、構造を比べるのです。

従来の課題（問題点）は、工夫したところは、発明の効果は、……、個条書きでいいです。明細書の形式に、内容を整理しましょう。

(2) 成功事例② 動物の顔の形が作れる、ゆで卵の容器

契約金　30万円、ロイヤリティ（特許の実施料）3％

ついこの間もこんな相談を受けました。

動物の顔の形が作れる、ゆで卵の容器を考えました。

それを、すぐに書類にまとめて、第一志望の会社に、ゆで卵の容器、特許出願中（PAT．P）です。……、と書いて、手紙で売り込みをしました。

すると、社長が、ゆで卵の容器を採用しましょう、といってくれました。

契約の話も順調に進んでいます。ところが、次のようなことが心配になりました。

今後どうすればいいのか教えてください。……、といった内容の相談です。

●疑問、心配ごとは早くなくそう

○○の発明をお金「ロイヤリティ（特許の実施料）」にするには、先行技術（先願）の有無、権利化の可能性の判断、契約条件など、……。

市場調査とともに大切なポイントとして、忘れることはできないのです。
そのため、疑問、心配ごとは早くなくしましょう。
たとえば、自分の発明の内容を他の人（第三者）に話せなくて心配ばかりしています。
それで、前にすすめないのです。どうすればいいですか。

●心配なこと

①「特許情報プラットフォーム」で、先行技術（先願）は調べられます。だけど、検索のキーワードがわかりません
②○○の発明、特許出願中（ＰＡＴ．Ｐ）です
③出願をしてから、期間が1年6カ月たっていません
④出願公開もされていません。それで、契約してもいいですか
⑤契約をした後で、先行技術（先願）が見つかったらどうすればいいですか
⑥権利を売ってしまうときには、どんな手続きが必要ですか
⑦契約書の形式と書き方がわかりません

だいたい以上のような内容のことです。
○○の発明を社会の役に立てたい。製品化したい。……、と思って一所懸命にやってきました。

それが現実になりました。

願望がかなえられた喜びと一緒に、本当かなあー。これでいいのかなあー。大丈夫かなあー。

……、と疑問、心配が押し寄せてきます。

採用する会社も同じように疑問、心配が押し寄せてきます。こういった疑問、心配ごとは早くなくしましょう。

●ゆで卵の容器の先行技術（先願）を調べよう

関連の情報、集めましたか。……、まだですか。それでは、「特許情報プラットフォーム」で、先行技術（先願）を調べましょう。

↓「特許・実用新案、意匠、商標の簡易検索」の「特許・実用新案を探す」の「入力ボックス」に検索のキーワードをワード（Ｗｏｒｄ）で入力します。

「検索キーワードボックス」　　検索方式
［　　　　　　　　］　［ＡＮＤ］　［検索］

「検索キーワードボックス」に発明の技術用語を入力します。

たとえば、［ゆで卵　容器］と入力します。

検索方式は「ＡＮＤ」になっています。「ＯＲ」でも検索できます。

「検索」をクリックしてください。↓ヒット件数が「○○件」と表示されます。
関連の情報が見つかりますよ。

□明細書の形式に内容を整理しよう

ここで、ゆで卵の容器の形状、構造を比べるのです。従来の課題（問題点）は、工夫したところは、発明の効果、……、個条書きでいいです。明細書の形式に、内容を整理しましょう。

■契約書の書式・見本

収入印紙

契約書

甲（権利者）東京都○○区○○町○丁目○番○号
○○○
乙（使用者）東京都○○区○○町○丁目○番○号
○○○株式会社
取締役社長　○○○○

甲と乙は、下記出願中の条項について、専用実施権の設定契約をする。

第一条　甲と乙は下記について契約をする。
特許願　　特願○○○○―○○○○○
発明の名称　○○○○○

第二条　専用実施権、および、権利発生後の専用実施権の範囲は、次の通りとする。
期間　契約の日より権利存続中
内容　全範囲
地域　国内

第三条　乙はこの本契約について、質権を設定し、または、他人に実施を設定してはならない。ただし、甲乙協議によって実施者を設定することができる。

第四条　乙は、自己の費用をもって権利発生後の専用実施権設定登録の手続をすることができる。

第五条　この契約によって乙は甲に対し、実施契約金として○○万円、実施料として卸し価格の○％の使用料を支払うものとする。

第六条　前条の使用料は経済事情その他に著しい変動が生じたときは、甲乙協議の上でこれを変動することができる。すでに支払われた実施契約金、および、使用料は理由のいかんを問わず甲は乙に返還しない。

第七条　使用料の支払は毎月○○日締切りとし翌月○○日までに、左記の指定の銀行口座に振込で支払いをする。

振込指定銀行

口座名

口座番号

第八条　甲は必要に応じて乙からこの本契約の実施の状況その他の必要な事項についてその報告を求めることができる。

第九条　乙は契約の日より1年以内に製造販売し、また、特別の事情がない限り1年以上にわたり製造を中止してはならない。

第十条　この本契約については虚偽の報告、その他不法行為等があったときは、甲は損害賠償の請求をすることができる。

第十一条　第二条、第三条、第五条より第十条について、乙、または、甲が違反したる場合、この契約を解除することができる。

第十二条　その他細則については、そのつど書面で定める。

以上の契約を証するため、本書３通を作成し、署名捺印の上、各自その１通を所持する。

平成〇〇年〇月〇〇日

甲　東京都〇〇区〇〇町〇丁目〇番〇号
〇〇〇〇　（印）

乙　東京都〇〇区〇〇町〇丁目〇番〇号
〇〇〇〇　株式会社
取締役社長
〇〇〇〇　（印）

契約するとき、会社の担当者とよく相談して、いろいろな条件を決めましょう。

●契約金

「契約金」は、10万円〜１００万円ぐらいです。

●ロイヤリティ（特許の実施料）

「ロイヤリティ（特許の実施料）」は、２％〜５％です。それが一般的です。

著作権の「印税」は、３％〜10％というのが一般的です。

〈まとめ〉

契約おめでとうございます。

応援してくれた人に心から感謝しましょう。

欲張らないで契約しましょう。ところが、発明の契約は、両方に欲がでますので、仲に立ってもらった方がまとまりやすいので、私に仲介の労を頼む人もいます。いつでも、立会人になります。ご相談ください。

第5章

あなたの素晴らしい〇〇の発明は、私「知的財産権」が守る

1．難しそうだけど、知的財産権とは、何なの

●知的財産権＝産業財産権（工業所有権）＋著作権
知的財産権＝産業財産権＋著作権
産業財産権＝特許＋実用新案＋意匠＋商標
（1）特許（発明）「とっきょ、Patent、パテント」
（2）実用新案（考案）「じつようしんあん、utility model」
（3）意匠（デザイン）「いしょう、デザイン、design」
（4）商標（ネーミング・サービスマーク）「しょうひょう、registered trademark」
著作権「Copyright（コピーライト）」

●産業財産権「特許法、実用新案法、意匠法、商標法」
産業財産権（工業所有権）は、発明、考案などを財産として保護する制度です。
具体的には、「特許法、実用新案法、意匠法、商標法」の四法を含めたものです。
明治18年（1885年）4月18日に専売特許条例が公布されました。

この法律ができた日を記念して、４月18日が「発明の日」になっています。

ここで、知的財産権（無体財産権）＝産業財産権（工業所有権）＋著作権について、説明しましょう。

◆題材「キウイのカッター」

町の発明家のＷさんは、付属のナイフで、キウイを半分にカットして、細い金属棒（ワイヤ）をＵ字形状にして、２本を十字形に組み合わせたカッターを基体部に山形に取り付け、そのカッターをキウイに押し込み、ゆっくり回転させると、簡単に皮むきとカットができるキウイのカッターを考えました。

さて、このキウイのカッターの権利、どうなりますか。

□キウイのカッターは、特許という知的財産権ですか
□キウイのカッターは、意匠という知的財産権ですか
□キウイのカッターは、著作権という知的財産権ですか

初心者には、そのところの判断ができないでしょう。

それがわかるように、権利の種類と内容を説明します。

発明品というと一般的に、発明とか、特許とか、パテント、といわれています。

そのことを正式には、産業財産権（工業所有権）といいます。

では、産業財産権（工業所有権）とは、一体何者ですか。特許、実用新案、意匠、商標の総称です。

発明とか、デザインなどを保護してくれます。

そして、それぞれ、法律は、次のようなことを決めています。

発明、デザインの○○の部分を保護します。特許庁に書面で出願の手続きをします。

権利の内容は、特許、意匠、商標によって違います。

たとえば、会社、学校の規則みたいなものです。

産業財産権（工業所有権）は、工業的なものを保護します。

それぞれ、法律の内容は、何が保護の対象になるのか。どのような手続きをすれば登録になるのか。権利の内容はどういうものか。……、といったことを定めています。

●産業財産権（工業所有権）

（1）特許法「特許という知的財産権」

産業上利用することができる発明を保護します。

特許は、物の発明、方法の発明を保護します。

台所用品、事務用品のような生活用品、新しい素材、新しい飲食物などです。

権利が取れるための条件は、「新規性」と「進歩性」などがあります。

□「新規性」
「新規性」とは、いままでの発明に比べて、新しさがあることです。

いままでになかった、物品の形状、構造（しくみ）、その製造方法を見つけることです。

□「進歩性」
「進歩性」とは、その考えた物品の形状、物品の構造、物品の組み合わせが、容易に創作できないこと、創作のプロセスの中で困難さがあることです。

権利期間は、出願の日から20年です。医薬品の一部の分野などでは、延長登録出願により存続期間を5年を限度として延長することができます。


⑵　実用新案法「実用新案という知的財産権」

物品の形状、構造、組み合わせの考案を保護します。

機械、器具、日用雑貨品のように一定の形があるものが対象になります。

したがって、物品でない製造方法は含まれません。

権利期間は、出願の日から10年です。

（3）意匠法「意匠という知的財産権」

物品の形状、模様、色彩などのデザインを保護します。意匠（デザイン）という知的財産権は、物品の形状、模様、色彩、物品の外観で美感のあるものが対象になります。物品の形状、模様、色彩などのデザインを保護します。

権利が取れるためには、条件は新規性、創作性などがあります。

権利期間は、設定登録の日から20年です。

（4）商標法「商標という知的財産権」

自分の業務に係る商品、役務（サービス）に使用するマークで、文字、図形、記号、立体的形状など、他の人（第三者）の商品、役務と区別することができる顕著性をそなえているもの、と書いてあります。

平成27年4月に商標制度の改正があり、音の商標（音楽、音声、自然音からなる商標）、動く商標（図形が時間によって変化している商標）、ホログラムの商標（クレジットの偽装防止や製品に貼るホログラム）、色彩のみの商標（色彩のみからなる）、位置の商標（図形などの標章と、その付される位置によって構成される商標）の権利が取れるようになりました。

商標は、他の三法と異なり有用なものを考えた、というのでなく、商品、役務を区別する目印になるマーク「文字、図形、記号、立体的形状」を登録するので、新規性（新しさ）がなくても大丈夫です。権利期間は、設定の登録の日から10年です。

一定の要件を満たせば、商標権だけは、存続期間の更新登録の申請をすれば、何回でも期間の更新をすることができます。それで、商標権は永久権ともいわれています。

●著作権

著作権「著作権という知的財産権」

著作物とは、思想、または、感情を創作的に表現したもので、文芸、学術、美術、または、音楽の範囲に属するものをいいます。

著作権は、産業財産権と同じ無体財産権です。ただし、著作権は、特許、意匠のように、出願をして、審査をして、登録といった手続きをしなくても権利は、公表したときに自然に発生します。

□ゲーム具

ゲームものなどの創作をしたとき、特許権の対象になるのは、ゲーム具の物品の形状、構造、組み合わせです。

□ゲームのルール（遊び方）

ゲームのルール（遊び方）を説明した小冊子（印刷物）は著作権です。

小説も、学術文も、美術品も、音楽も、落語も、みんな著作権です。

著作権の権利期間は、本人の死後50年です。映画は、公表後70年です。

特許、意匠などの産業財産権は、登録主義です。

著作権は、無登録主義です。

知的財産権を守る、その他の法律には、不正競争防止法などがあります。この中で、大きなウエイトを占めているのが産業財産権法です。

2. 発明とは、新しいことを考えること

●簡単に発明といわれても

発明を、辞書でひくと、いままでになかった新しいことを考え出すこと、と書いてあります。

それでは、特許法第２条（定義）を見てみましょう。発明とは、自然法則を利用した技術的思想の創作のうち高度のものをいう、と書いてあります。

簡単に、発明、といっていますが、もっとわかりやすく教えてください。

発明、ここで、また、ウーンと考え込んでしまいましたか、やはり、難しい、というイメージが強すぎるのですね。

でも、しょうがないです。発明とおつきあいしている期間が短いです。

だから、すぐには、うちとけられないですよね。では、急ですが、ここで、テストをしてみましょう。コップと氷をもってきてください。

わかりました。

コップの中に氷を入れてください。氷を見てください。とけていっているでしょう。ハイ。うちとけた、でしょう。このように、いつも、自然体でいいのです。

発明は、自分には関係ない世界で、学者、研究者の一部の人がするものだ、と思っていました。

本当はそうじゃないのですか。

●発明は、私たちの生活にとても深い関係がある

みなさんは、家で、学校で、職場で、いつも便利なツール（道具）を使っているでしょう。その便利さが発明です。便利さを提案している技術は根が真面目です。だから、そこのところを上手に説明できないだけなのです。

それを、わかってあげてください。表面に出てくるのがきっと苦手です。

そういうことをいわれると、なるほど、発明はたしかに私たちの生活に密着していることがよくわかります。だから、私（発明）とおつきあいください。すると、いいことがたくさんあります。本当です。よろしくお願いします。

本書の中に、このような言葉が出てきます。でも、許してあげてください。大好きな人のためです。一緒に学習しましょう。

少し時間がかかりましたが、おかげさまで素敵な彼女（彼）もできました。

恋をするときでも、最初は、毎日がルンルンで、楽しいことばかりだろう、と思っていました。

ところが、そうじゃないのですねー。

こんなはずじゃなかったのになあー、といった課題（問題点）に直面したりします。

そのときは、悩みながら、考えてください。課題（問題点）を解決するいい方法が見つかります。

発明は、不便なことを解決して、便利にしてくれる、優しい人です。だから、簡単に、嫌い、といわないでくださいね。

●商品は、美しい方がいい

□美しさが、商品の売れ行きを左右する

商品の売れ行きは、その商品の機能、品質の優秀さだけではいけません。

物品の外観「物品の形状、模様、色彩のデザイン」の美しさが大きく左右します。

その理由は、簡単です。人は、誰でも美しいものに憧れるからです。

たとえば、台所用品が実用というより、美しいものでないと売れない、といったこともそのためです。自動車、カメラ、印刷物、筆記具、その他の商品でも同じです。

□ヒット商品

ヒット商品は、物品の形状（デザイン）がスマートで、お洒落で、可愛くて、格好がいいものが多いようです。

□美しい方がいい、男女関係でも、そう（!?）

男女関係でもそうだと思います。男性でも、女性でも、同じです。だから、美しい人を見るとフラフラとなって一生をあやまることさえあります。教養もあって、健康だったら、美しい人の方がいい、などというのはあたりまえのようです。

たいていのケースが多少の欠点があっても、美しい人がいい、というのが通り相場になっています。最近は、女性の方がハンサムを求める心が強いようです。

●「好き」を「知的財産権」で、表現すると

では、あなたは、人（異性）を好きになるとき、最初、どこで決めますか。その人の性格ですか、外形、顔ですか、名前ですか、プロフィールですか。

「好き」を「知的財産権」で、表現すると、こうなります。

「特許」で保護するのが性格です。

「意匠」で保護するのが、外形、顔です。

名前を保護するのが「商標」です。

「著作権」で保護するのが、プロフィールを書いた書類（印刷物）です。

3.「自然法則」は、誰でも体験していること

●「自然法則」を利用することが発明

「自然法則」は、誰でも、小さい頃、体験しています。誰でも知っているような事例で、説明しましょう。

それなら、きっと、ウン、ウン、なるほど、といって理解してもらえると思います。

たとえば、ここに石があります。この石を袋に入れます。その袋にヒモを付けます。

それで、ヒモを手にもって、石を回転させます。すると、その石は中心から遠ざかろうとします。これを、遠心力、といいます。

思い出しましたか、小、中学生の頃、何度も体験したことのある現象でしょう。

これは、誰が、いつ、どこでやっても結果は同じです。

これを、自然法則といいます。遠心力も、自然法則の１つです。この自然法則を利用すること

が発明です。

□遠心分離機（脱水機）の発明

「自然法則」を上手く利用して生まれたのが、遠心分離機（脱水機）の発明です。

水にぬれた洗濯物を脱水機の金網の中に入れます。

高速回転させます。そのとき、洗濯物も水も中心から遠ざかろうとします。すると、洗濯物は、金網にさえぎられて止まりますが、水は、この網の孔から飛び出します。

その結果、洗濯物と水が分かれて脱水ができるのです。

□「自然法則」は、私たちの生活の中にある

私たちが日常使っている、日用品、道具、機械も、発明品です。

その多くが、いぜん特許であったとか、現在、特許になっているものです。

本書の中に、いままで聞いたことがないような言葉が出てきます。

また、難しいことを述べたり、とても簡単に、○○が製品になりそうな話をしたりで、ちょっと、とまどっていますか。たしかに、はじめて聞く言葉が多いので、難しそうに聞こえるでしょう。難しい「かんじ（漢字）」がします。

ところが、実際、おつきあいをしてみると、いい意味で、そうじゃない、ということがわかっ

てきます。

「自然法則」について、もう少し説明を続けましょう。「自然法則」という言葉は、意識していないだけで、ときどき、自然に使っていますよ。
※かんじ（漢字）と感じ
□楽しかった理科の実験
本当に難しいのか、ここで確認をしてみましょう。

では、数年前（！？）の小、中学校の理科の学習の時間に、一緒にもどってみましょう。

ここは、理科の実験室です。入ってください。机の周りにある椅子に座ってください。

小、中学生の頃を思い出したでしょう。なつかしいでしょう。

いろんな実験をしましたね。はじめて体験することが多くて、ワクワク、ドキドキの連続だったと思います。また、学習も楽しかったでしょう。

たとえば、鏡は光を反射します。

物を熱すると膨張します。

磁石は鉄にすいつけられます。……、などの実験です。

このような現象を実験室で確認したでしょう。この現象が、「自然法則」です。私たちが日常使っている、日用品、道具、機械も、発明品なのですね。

そうです。その多くが、いぜん特許であったとか、現在、特許になっていたのです。

みんな、「自然法則」を利用した技術的思想の創作なのです。

●発明相談① ○○さんを口説く方法は、特許の対象になるか

何となくわかったような気がしますが、先生、特許の学習、やはり、難しいですよ。

そうか、じゃあー、ここで、少しだけ、特許の学習、球形の玉を見ながら、タマには、休憩（9K）しましょう。3K（キツイ、キタナイ、キケン）じゃなくて、嫌いな「K」が増えて、一気に9Kだけど、それでもいいですか。

先生は、本当に、言葉遊び（ダジャレ）が好きなのですね。

疲れを取るために、ここで、頭、脳の体操をしてみましょう。

では、ここで、問題を出します。考えてみてください。

職場（アルバイト先）、学校に気になる人がいます。

気になっている、○○さんを口説く方法は、特許の対象になりますか。

少し考えさせてください。……、先生、問題が難しくて、解答がわかりません。

そうか、それなら宿題にしましょう。家に帰って、考えてください。

どうすればいいのですか。

とりあえず、帰宅したら、すぐに、問題を冷蔵庫の冷凍室の中に入れてください。

翌朝、目覚めたら、冷蔵庫から問題用紙を取り出すのです。すると、アンサー（朝）です。問題が解けます（融けます）。解答（解凍）ともいいますけどね。

なるほど、難しく考えることはないんだ、「自然法則」にまかせればいいのですね。

ここで、問題の答えです。○○さんを口説く方法は、「自然法則」を利用した方法の発明ではないので、特許の権利は取れません。
※休憩と球形、アンサー（答）と朝

●発明相談②　立体模型の積み木の権利は
立体模型の積み木の特許などの知的財産権は、どうなりますか。

立体模型の積み木は、楽しく学習ができて、とても学習効果があります。といった説明が必要です。立体模型の積み木は、木（気）があっていいですね。
□特許という知的財産権

特許という知的財産権は、立体模型の積み木の物品の形状など、技術的な部分です。
□意匠という知的財産権は、立体模型の積み木の物品の形状です。
□商標という知的財産権
商標という知的財産権は、立体模型の積み木に付ける商品の名前です。
□著作権という知的財産権
著作権という知的財産権は、立体模型の積み木の使い方を説明した説明書の印刷物です。

立体模型の積み木は、あなたの知的財産権です。……、ということです。

●著作権と特許、意匠、商標
著作権は、特許、意匠、商標のどういったところが関連しているのですか。

たとえば、オセロゲームのような、ゲームのルール（遊び方）がポイントの作品を考えました。
□「特許の対象」
「特許の対象」になるのは、ゲーム具の物品の形状、構造（しくみ）です。
□「意匠の対象」

「意匠の対象」になるのは、ゲーム具の物品の形状とか、物品の形状＋色彩とか、物品の形状＋模様とか、物品の形状＋色彩＋模様などのデザインです。

□「商標の対象」

「商標の対象」になるのは、ゲーム具に付ける商品の名前です。

□「著作権の対象」

「著作権の対象」になるのは、ゲームのルール（遊び方）を説明した、説明書などの小冊子の印刷物です。

知的財産権の参考文献は、拙著「知的財産権は誰でもとれる（日本地域社会研究所）」などがあります。

●遊戯具のルール（遊び方）の権利

遊戯具のルール（遊び方）の権利はどうなりますか。

□「著作権という知的財産権」

遊戯具には、ルール（遊び方）を説明した説明書、パンフレット、小冊子などの印刷物が商品についています。この印刷物は、「著作権という知的財産権」です。

たとえば、野球のゲーム具で新しい野球盤を作ったとき、ルール（遊び方）を決めます。こんな感じです。バットで打った球が穴の中に入ったときは、ホームランです。バットで打った球が溝の中に入ったときは、２塁打です。バットで打った球がランナーに当たったらアウトです。……、といったようなルール（遊び方）です。

この遊び方、ルールを説明した小冊子の印刷物は、「著作権という知的財産権」です。

□「特許の対象」

「特許の対象」になるところは、どこの部分ですか。ルール（遊び方）を実現できるように考えた、遊戯具の物品の形状、構造、物品の組み合わせです。

□「自然法則」ではない

数学、または、論理学上の法則（計算方法、作図法、暗号の作成方法）、人為的な取り決め（遊戯方法、保険制度）、心理方法（広告方法）などは、一般的に自然法則ではありません。だから、特許の権利は取れません。

4. 特許と意匠は、どこが違うの

（1）物品の機能的なものは特許、物品の形状（デザイン）は意匠

□「特許」は、機能的で実用的な効果があるもの

「特許」は、物品の形状、構造、または、組み合わせなどで、機能的で実用的な効果があるものをいいます。

□「意匠」は、人に美感を起こさせる物品の形状

「意匠」は、物品の形状を総合して、人々に美しさとか格好良さなど美感をおこさせるものをいいます。

□消しゴム付き鉛筆は「特許」

たとえば、鉛筆の軸の一端に消しゴムを取り付けると機能的で実用上便利になります。

だから、消しゴム付き鉛筆は、特許になります。

□人形の顔などを取り付けた鉛筆は「意匠」

鉛筆の軸の一端に人形の顔などを取り付けました。すると、それは、趣味を感じさせます。それは、意匠になります。

□物品の外形をハートの形状にしたバケツは「意匠」
物品の外形をハートの形状にしたバケツは、半年で約14万個売れました。物品「バケツ」は同じです。ハートの形状がポイントです。

容器が可愛いので良く売れました。
□ドーナツの形をした枕は「特許」
若い夫婦が赤ちゃんの後頭部が偏平にならないようように、ドーナツの形をした枕を創作しました。

ドーナツの形をした枕の物品の形状は、機能的で実用的な効果があります。だから、特許になります。
□動物の顔の形にした枕は「意匠」
ドーナツの形をした枕を、自分の子どもに使わせていた人が、ドーナツの形をした枕に耳を付けて、目と鼻と口を描いて動物の顔にしました。動物の顔の形にした枕は、物品の形状のデザインがポイントになります。だから、意匠になります。

物品は、機能的で、形状（デザイン）がスマートで、お洒落で、可愛くて、格好がいい商品が売れます。

（２）特許「物品の形状、構造、組み合わせ」

□物品の形状

物品の形状とは、外部から観察できる物品の外観をいいます。

□物品の構造

物品の構造とは、物品の空間的、立体的に組み立てられている構成をいいます。

□物品の組み合わせ

物品の組み合せとは、単独の物品を組み合わせることによって使用価値が生じたものをいいます。

（３）意匠「物品の形状、模様、色彩」

□物品の形状

意匠法上の物品は、外部から観察できる物品の平面的、または、立体的な外形であることが必要です。

□「物品の形状＋模様」

物品の表面装飾にあらわされた図形、または、色分け、このときの表面装飾とは、物品の材質美を生かすことも含み装飾といい、無装飾とはいいません。

□「物品の形状＋色彩」

意匠法上の色彩は、物品全体が一色であらわされているときです。

だから、物品自体の色彩でも物品の外面に着色した塗料、塗料の色彩でもいいのです。

たとえば、2色以上の色彩により色分けをしているときは色分け模様と認められます。模様と色彩の結合となります。これらの意匠の要素は物品と不可分です。

だから、物品の形状は、単独で意匠を構成することができます。

（4）「模様、色彩」のみの意匠はない

模様、色彩のみの単独では、意匠を構成することはできません。

必ず、物品の形状との結合によって意匠を構成することになります。すなわち、物品の形状、模様、色彩が次のように組み合わされていることが必要です。

「物品の形状＋模様」、「物品の形状＋色彩」、「物品の形状＋模様＋色彩」の結合です。

したがって、意匠は、模様、色彩のみ、または、模様＋色彩のみの結合は存在しないのです。

（5）権利（独占権）が取れる

技術的な創作であれば、特許に出願できます。新規性、進歩性があれば、権利（独占権）は取れます。その結果、20年間保護してもらえます。このことを特許権といいます。

意匠は、デザインのことです。物品の形状とか、色彩とか、模様などのデザインのことです。このデザインがそのまま著作権になるわけではありません。

ところが、著作権のことをよく理解している人、知っている人が企業の中では少ないようです。そのため、デザインを意匠に出願している方が高く売れます。そうでないものは、安い、ということです。

この特許と意匠は、思想の創作で、容易に創作できないものに与えられる権利です。

さて、ここに問題点があります。

特許の権利を取得するためには、時間とお金がかかります。出願、出願審査請求書、登録料などの費用に、約15万円の実費がかかります。そのうえ、権利が取れるまでに時間もかかります。

意匠に出願しても、その間にデザインをマネられてしまい、それを安売りでもされたら、創作者は泣くに泣けませんよねー。そこで、意匠の出願をする人たちの間で、一つの自衛策として、著作権（権利は自然発生）を活用する人が増えてきたのです。

ただ、ここで大事な点は、その意匠が社会的なニーズがあるかどうか、ということです。いくら自分の権利が発生しても、それに対するニーズがなければ、誰も買ってはくれません。使ってもくれません。

しかし、その人が社会的なニーズの対象となるデザインを創作したとき、そこに創作者の権利が存在しなければ大変なことだ、ということです。

5. すぐに、特許、意匠に出願するのか

●発明、デザインを創作したら、すぐに、特許、意匠に出願するのか
特許、意匠は、先願（せんがん）主義です。だから、1日も早く特許庁に出願することが原則です。ところが、これは、難しい質問であり、問題です。誰でも同じように悩みます。

また、自分で出願するのは、難しい、と聞いています。ここで、どうしようか、と第一の関門にぶつかってしまうのです。なぜ、そうなってしまうのでしょう。

それは、自分の発明と、同じものがあるかどうか、それが権利になるかどうか、その判断がで

きないからです。交通整理ができないのです。それで、誰でも、自分の発明は、立派なものだ！と思い込みます。ところが、スタートしたばかりの頃、思いついた発明は、先行技術（先願）があるケースが多いのです。

そのことを知らずに、大切な時間、お金を使っています。もったいないです。

●先行技術（先願）を調べることが先

そこで、これは、すごい（！？）と思った、発明が生まれたら、まず、「特許情報プラットホーム」で、先行技術（先願）を調べることです。また、相談の実績が豊富な発明学会で、手紙か、面接の体験相談をすることです。的確なアドバイスをしてくれます。

それから、特許、意匠などの知的財産権に結びつけることです。

多くの、中、小企業の場合でもそうです。社員は、１年中、改善、工夫をしています。

ところが、それを、特許、意匠などの知的財産権に結び付けることを知らないのです。それでは、プラスになりません。

あるいは、こんなものは、出願してもムダだ、といって、簡単に発明を捨ててしまっているケースが多いようです。

これでは、素晴らしい発明を考えても、会社も、社員も、得るところが少ないです。

そこで、中、小企業では、思いつきを権利に結び付ける能力を、社長自身が修得するか、そうした能力をもった、特許技術者を、少なくても、4名、5名は養成することです。

それで、どんなものが特許になるのか、意匠になるのか、著作権になるのか、能力を身に付けてください。また、出願書類をまとめられるようになってください。

そうすると、これは、と思った発明、デザインを知的財産権にすることができるようになります。それが一番お金のかからない方法です。世は、まさに、知的財産権の時代です。

だから、知的財産権の数の少ない会社は、何もできずに倒産していくのです。逆に偉大な知的財産権をもてば、大きな会社と対等になれます。

●特許願に必要な書類

特許願に必要な書類は、①願書、②明細書、③特許請求の範囲、④要約書、⑤図面です。製法特許（方法の発明）のときは、明細書（説明書）だけで説明ができれば図面は描かなくても大丈夫です。

出願書類は、工業所有権情報・研修館「産業財産権相談サイト」にある「出願書類」の形式（W

ａｒｄ）をコピー（複写）すれば使えます。

出願書類の書き方の参考文献は、拙著『はじめの一歩　一人で特許（実用新案・意匠・商標）などの手続きをするならこの一冊（自由国民社）』、『完全マニュアル！　発明・特許ビジネス（日本地域社会研究所）』、『特許出願かんたん教科書（中央経済社）』などがあります。

図面の描き方の参考文献は、拙著『これでわかる立体図の描き方〔基礎と演習〕（パワー社）』などがあります。

●アイデア商品発明講座（通信教育）

発明を体系的に学習できる「がくぶん」の通信教育講座があります。

「アイデア商品発明講座（監修　中本繁実）」です。テキストも執筆しました。

テキスト６冊「１アイデア着想編／２試作編／３アイデアチェック編／４出願対策編１／５出願対策編２／６売り込み・契約編」ＣＤ―ＲＯＭ１枚（特許出願書類フォーマット集、実用新案出願書類フォーマット集、意匠出願書類フォーマット集、商標出願書類フォーマット集、企業への売り込み手紙フォーマット、企業との契約書フォーマット）付きです。

◆問合せ先・がくぶん「株式会社　学文社　〒１６２―８７１７　東京都新宿区早稲田町５番地

4号　TEL0120―004―252」です。

6．先願主義だけど、特許庁に出願を急ぐことではない

●私の素晴らしい○○の発明は、どうなるの

出願を急いではいけない！　ということは、なんとなくは、理解できたでしょう。でも、発明の学習をスタートしたばかりの初心者が気にすることがあります。

①特許、意匠は、先願（せんがん）主義だ、ということです。

②出願が1日でも遅れると、もう他の人のもの（権利）になってしまう。……、ということです。

そのとき、○○の発明が未完成でも、思いつきの発明でも、本人には、関係ないのです。

●ムリをして、お金を使って出願を急いでも

それでも、初心者の発明家は、出願を急ごうとします。

だから、1日も早く出願できるのだったら、費用が数十万円かかったとしても、しょうがない

ですよ。初期の投資ですよ。◯◯は、近い将来、数百万円、いや、数千万円儲かります。だから、と簡単に答える人がいます。

だけど、お金を使って、ムリをして、出願を急いでも、誰も製品化のパスポート、発行してくれませんよ。

●どうしても、急いで出願したいときは

そのような状況の中で、それでも、出願をしたいときは、自分でまとめることです。◯◯の先行技術（先願）を調べた公報が参考書になります。

すると、特許の出願の手数料1万4000円（特許印紙代）だけで出願できます。出願書類をまとめるのは、やさしく、楽しいものです。

過去の統計、特許庁に出願している発明を見れば、儲かる発明は、1000に3つくらいです。あとの997は、迷案、珍案、愚案、ウッ（！？）が付くものばかりです。その理由ですか。出願書類を書いてみるとわかります。内容が書けないのです。

それが、発明貧乏、出願貧乏のはじまりだ、といわれる理由です。

冷静になることが大切です。高ぶった気持ちが落ちついたとき、こんなはずじゃなかったのになあー、と後悔しなくてすみます。

●お金と時間のムダ使いだけはいけない

そこで、本書を読んでいるあなたに、こっそり教えたいのです。

お金と時間のムダ使いだけはしないようにお願いしたいのです。

だって、いま、あなたが1日も早く出願したい、と思っている○○も、三十数年間で数万件の発明を指導した、私の体験からいえることは、そう簡単に、○○を採用します、と会社はいってくれないのです。……、ゴメンナサイ。それが、現実の世界です。

その理由は、以前に同じ内容の先行技術（先願）があったからです。

町の発明家で、超有名な笹沼喜美賀さんが考えた、「洗濯機の糸くずとり具」だって、製品化されたのは、十数件めの○○だった、と聞いています。

そうです。発明の学習をスタートして、最初の頃に創作した数件、多くの人が、製品化されていないのです。

だから、最初は、たくさんの数を出すことです。その中で、友人に聞いてください。各地の日曜発明学校で発表してください。自分でも判断してください。その中で、これなら！　と思うものを選択してください。それを、特許庁に出願することです。

●権利が取れるのが約4割

過去の1年間の出願件数を調べてみました。すると、約32万件です。その中で権利が取れるのが約4割です。みなさんは、本当にいい選択をしてくださいね。

○○を完成させるまでに注意して欲しいことがあります。

それは、自分の思いつきを、どこにでも行って、ポイポイと話してはいけません。

それが、数年たった頃、ポッカリ、専門店、量販店などで顔を出すことだってあります。

……、そのとき、しまった、と思っても、もう遅いのです。

そこで、人に話すとき、売り込みの手紙を出すときは、必ず、これは、私の知的財産権です。

○○は、特許出願中（P A T．P）です。……、と付け加えておきましょう。

そうすると、先方が欲しいときは、相談にきます。

P A T．P（Patents Pending）は、特許出願中という意味です。

○○の発明、製品化になったら、一緒にお祝いをしましょう。

うれしいお便り待っています。

あとがき〔著者から送る大事なお便り〕

■著者があなたの○○の発明をみてあげましょう

本書をお読みになったあなたは素晴らしい発明、しかも、製品化になる発明が考えられるようになったと思います。

本当に○○の発明が製品化になりそうで、ワクワク、ドキドキしてきたでしょう。

……、だけど、いま、○○の発明を思いついただけです。

では、本書で紹介したように、情報を集めることからスタートしましょう。情報が集まれば、どうにかできます。

販売されている商品を調べましょう。Ｙａｈｏｏ、Ｇｏｏｇｌｅなどで検索してください。すると、どんな商品が売れているか、わかります。

次は、○○に関連した専門店、量販店などで、商品の市場調査をかねて、売り場を探訪してください。情報が自然に集まります。

すでに先行技術(先願)があるケースもあります。「特許情報プラットフォーム」で、先行技術(先願)を調べましょう。

先行技術（先願）があることを知らないで、そのまま、新しい製品の開発を続けると、大切なお金、時間がムダになります。自信がない人は相談してください。一緒に検索しましょう。

出願する前に相談する方が出願料を節約できます。過去のデータでは、製品化になる発明は「1000に3つ（0・3％）」だ、といわれています。売り込みの体験をしてください。すると、1000に3つの意味が理解できます。

私は「1000に3つ」を「100に3つ」にしたいと思っています。それが、タダの頭と手と足を使って、ムリ、ムダなお金を使わないことです。それが、製品化にできる基本です。

今度は、出願できるように書類にまとめることです。しかし、特許に出願するにはお金がかかります。自分で書いても1万4000円（特許印紙代）はかかります。

試作品を作る、先行技術（先願）を調べる、出願などに、数十万円の費用を使ったから、といっても、誰も製品化になるパスポートは発行してくれませんよ。だから、試作品も手作りで、出願書類も自分でまとめて、◯◯は特許出願中（PAT．P）です。……、と書いて第一志望の会社に手紙で売り込みの体験をすることです。

製品化できる可能性があれば返事は早いです。お互いに信頼して売り込みをすることです。発明者も会社の担当者を信頼してください。会社の担当者も発明家の信頼にこたえてあげてください。お願いします。

いい返事が返ってくるように、魅力がある発明にまとめましょう。

同時に製品化になる可能性のチェックもできます。

そのとき、素晴らしい発明を盗用されたらどうしよう。……、と心配しますよね。

……、いつ、○○の発明を創作したのか、発明のセールスポイント、説明図、イラスト、製品化になったときのイメージ図などを描いて、「○○の発明、○○年○月○○日に創作しました。」といえるように、その内容の事実を残しておきましょう。たとえば、公証役場も利用できます。郵便切手の日付の消印、利用できます。

著者が三十数年間で指導した件数は数万件です。それをもとに読者のみなさんが短期間でリッチな「発明ライフ」が楽しめるように教えたいです。あなたの○○の発明を製品化にする、ステップがあります。まず、○○が特許になるのか、意匠になるのか、などを教授させてください。

余談ですが、自分のために貴重な時間をつくっていただき申し訳ない、といって、その地方の美味しいお菓子を持参してくれる人もいます。心遣いうれしいですよね。

筆者は、洒落も大好きです。お酒も大好きです。

本書を読んだ、とこの本の書名を書いて、出願書類の形式にまとめた、説明書（明細書）、説明図（図面）をお送りください。手作りの試作品の写真もお願いします。用紙は、A4サイズ（横

21㎝、縦29・7㎝）の大きさの白紙を使用してください。パソコンのワード（Ｗｏｒｄ）、または、丁寧（ていねい）な字で書いて、出願書類「説明書（明細書）、説明図（図面）」にまとめてください。書類は、必ず写し（コピー）を送ってください。

返信用（返信切手を貼付、郵便番号・住所、氏名を書いてください）の封筒、または、宛て名を印刷したシールも一緒に送ってください。

「1回（1件）体験相談」の諸費用は、返信用とは、別に1件、82円切手×6枚です。案内書「発明ライフ・入門（５００円）」を贈呈いたします。

これは読者に対するサービスです。

私に、面接「1回（1件）体験相談（予約が必要）」を希望されるときは、相談にこられる前に、○○に関連した情報、先行技術（先願）を集めてください。関連の情報をコピーして持参してください。ＵＳＢメモリーに保存しておいてください。

〒１６２―００５５　東京都新宿区余丁町7番1号

一般社団法人発明学会　気付　中本繁実あて

読者の皆様、貴重な時間を使って、本書を最後まで読んでいただきましてありがとうございました。心から、お礼申し上げます。

《著者略歴》

中本繁実（なかもと・しげみ）

１９５３年（昭和２８年）長崎県西海市大瀬戸町生まれ。

長崎工業高校卒、工学院大学工学部卒、１９７９年社団法人発明学会に入社し、現在は、会長。発明配達人として、講演、著作、テレビなどで「わかりやすい知的財産権の取り方・生かし方」、「わかりやすい特許出願書類の書き方」など、発明を企業に結びつけて製品化するための指導を行っている。初心者のかくれたアイデアを引き出し、たくみな図解力、軽妙洒脱な話力により、知的財産立国を目指す日本の発明最前線で活躍中。わかりやすい解説には定評がある。

座をなごませる進行役として、恋愛などのたとえばなし、言葉遊び（ダジャレ）を多用し、学生、受講生の意欲をたくみに引き出す講師（教師）として活躍している。洒落も、お酒も大好き。数多くの個人発明家に、成功ノウハウを伝授。発明・アイデアの指導の実績も豊富。

東京日曜発明学校校長、工学院大学非常勤講師、家では、非常勤お父さん。

がくぶん通信講座「アイデア商品開発講座」主任講師。

日本経営協会　改善・提案研究会 関東本部 企画運営委員。

著作家、出版プロデューサー、１級テクニカルイラストレーション技能士。職業訓練指導員。

著書に『発明･アイデアの楽しみ方』(中央経済社)、『はじめて学ぶ知的財産権』（工学図書)、『発明に恋して一攫千金』（はまの出版)、『発明のすすめ』（勉誠出版)、『これでわかる立体図の描き方』（パワー社)、『誰にでもなれる発明お金持ち入門』（実業之日本社)、『はじめの一歩　一人で特許（実用新案・意匠・商標）の手続きをするならこの１冊　改訂版』（自由国民社)、『発明・特許への招待』（日本地域社会研究所)、『やさしい発明ビジネス入門』（日本地域社会研究所)、『マネされない地域･企業のブランド戦略』（日本地域社会研究所)、『発明魂』（日本地域社会研究所)、『知的財産権は誰でもとれる』（日本地域社会研究所)、『環境衛生工学の実践』（日本地域社会研究所)、『特許出願かんたん教科書―とっても簡単！ 自分で書ける［特許願］』（中央経済社)、『発明で一攫千金』（宝島社)、『成功する発明・知財ビジネス』（日本地域社会研究所)、『発明・ヒット商品の開発』（日本地域社会研究所)、『完全マニュアル！発明・特許ビジネス』（日本地域社会研究所）など多数。

監修に『面白いほどよくわかる発明の世界史』（日本文芸社)、『売れるネーミングの商標出願法』（日本地域社会研究所）がある。

監修／テキストの執筆に、がくぶん『アイデア商品開発講座』（通信教育）テキスト６冊がある。

企業《きぎょう》が求《もと》める発明《はつめい》・アイデアがよくわかる本《ほん》
2018年7月2日　第1刷発行

著　者　中本繁実《なかもとしげみ》
発行者　落合英秋
発行所　株式会社 日本地域社会研究所
〒167-0043　東京都杉並区上荻1-25-1
TEL　(03)5397-1231(代表)
FAX　(03)5397-1237
メールアドレス　tps@n-chiken.com
ホームページ　http://www.n-chiken.com
郵便振替口座　00150-1-41143
印刷所　中央精版印刷株式会社

ISBN978-4-89022-221-6